谨以此书纪念中国社会科学院建院 40 周年

主　编／方军

副主编／林新海　梁艳玲

执行主编／刘玉杰

学术名家自述

黄宝生 / 自述

黄宝生

社会科学文献出版社
SOCIAL SCIENCES ACADEMIC PRESS (CHINA)

# 编前语

党的十八大以来，以习近平同志为核心的党中央，高度重视繁荣发展我国哲学社会科学事业。2016 年 5 月 17 日，习近平总书记在哲学社会科学工作座谈会上发表重要讲话，强调："广大哲学社会科学工作者要树立良好学术道德，自觉遵守学术规范，讲究博学、审问、慎思、明辨、笃行，崇尚'士以弘道'的价值追求，真正把做人、做事、做学问统一起来。要有'板凳要坐十年冷，文章不写一句空'的执着坚守，耐得住寂寞，经得起诱惑，守得住底线，立志做大学问、做真学问。"总书记的讲话高屋建瓴，对广大哲学社会科学工作者寄予了殷切期望。

2017 年是中国社会科学院建院 40 周年。40 年来，中国社会科学院先后涌现了一大批政治合格、学术领先、学风优良的专家学者。他们中有一批年高德劭、造诣精深的知名专家学者，堪为学科史乃至学术史上的一面面旗帜。通过对他们的深度访谈，或请他们自述，记录下他们孜孜矻矻、上下求索的治学历程，记录下他们探赜索隐、钩深致远的深邃思索，也记录下他们"为天地立心，为生民立命，为往圣继绝学，为万世开太平"的崇高理想和人生境界，请他们为薪火相传的学术事业"传道、授业、解惑"，这样既可为学科史、学术史抢救一手可信的史料，也可为构建中国特色哲学社会科学学科体系、学术体系和话语体系掇菁撷华。因此，贯彻落实习近平总书记"5·17"重要讲话精神，编辑出版"学术名家自述"丛书，对加快构建中国特色哲学社会科学具有重要意义。

为此，中国社会科学院办公厅联合社会科学文献出版社组成编辑部，确定丛书的方案、编写大纲，并对丛书的框架、内容、体例等进行多次研讨。同时，邀请中国社会科学院的荣誉学部委员、学部委员进行学术自述，并陆续推出。

考虑到部分老专家年事已高，个体经历各异，学科之间千差万别，无论是请他们自撰还是对他们进行访谈，都殊非易事。首批推出的几位名家自述，我们本着实事求是的原则，只求真实记录，不求风格上的统一。内容上，或有他们对成长历程的回忆；或有他们对学科发展的回顾；或有他们对治学特色的讲述；或有他们的人生感悟……叙述方式上，采用第一人称叙事法，尊重自述者的个人语言风格。

本丛书得到了中国社会科学院各位专家学者的大力支持，得到了各位撰稿人的热情帮助，在此我们表示衷心感谢。囿于时间、人力、物力，错误和不足之处在所难免，敬请读者批评指正。

丛书编辑部

2017 年 4 月

童年时代：生活的启迪

# 平民家庭

1942 年 7 月，我出生在上海一个平民家庭。祖籍上海郊区松江县。起码从曾祖父一代已经迁入现在上海的市内。我家的房屋是祖传的，属于上海旧时本地人的住宅，中间有客堂和天井，两边是厢房。我小时候在柴间里还见到锈迹斑斑的锄头之类的农具。因为上海是近代新兴城市，也许我的先辈也是务农的。

祖父的职业是汽车司机。祖父母生有六个子女，我有三个姑妈，两个叔叔，我父亲排行第二。这个大家庭由祖母操持。祖母信佛，在客堂里供有观音菩萨，是安放在玻璃框里的瓷器塑像。观音像前有供品、蜡烛和香炉。祖母每天清晨都会在观音菩萨前念经。我小时候听多了，也能模仿着背诵几句，但我一点儿也不明白这些经文的意思。直到我上了大学，学了梵文，读到《心经》，才恍然大悟，原来当时祖母念的是《心经》。

祖母也经常给我们讲一些佛教故事，尤其是善恶报应的故事，用意是劝人为善。确实，祖母自己一生心地善良，慈悲为怀。在她的主持下，大家庭始终保持和睦的气氛。她与邻里也相处得很好。记得在解放战争时，上海郊区的农民到上海市内避难，祖母也收留他们。此后与这些农民结下友谊。他们每逢收获季节，总会带些农产品前来回访，亲切叙谈。祖母会留他们吃饭，临别时，会回赠他们上海的一些日用品。

因此，我从小对祖母很崇拜，心灵受到她潜移默化的影响。祖母也很宠爱我这个长孙。她走亲访友，或者与祖父一起前往郊区祭拜祖坟时，总是带着我，作为她的子孙代表。

## 我的父母

祖父母虽然都是文盲，但他们希望后代能读书识字。由于经济能力有限，他们不能让所有的孩子上学读书。我的大姑妈和二姑妈都没有读书机会，始终是文盲。而我的父亲读到小学毕业后，继续读中学。可是，家里经济条件不允许，只读完初中一年级就辍学，求职谋生。

父亲先后成为上海电气公司和电话公司的工人。父亲总算是有文化的，所以成为技术工人，工资待遇比普通工人要高一些。母亲是家庭主妇，操持家务。她也是上海本地人，有小学文化。父母生有六个子女，我是老大，下面有两个弟弟，三个妹妹。因为子女多，家庭经济始终是拮据的。父母生活节俭，含辛茹苦抚养我们。孩子们的衣服，常常是大的穿不下了，小的穿。衣服破了，就打补丁。但是，每到除夕夜，母亲总会在每人床边放一套新衣，春节早上起来，都能喜气洋洋，穿上新衣。

父亲十分慈祥，我从小到大，父亲没有责骂过我一次。实际上，我们这些孩子若是犯有过失，管教我们的是母亲。确实，父母爱护孩子，也不能溺爱孩子。需要责罚时，还是应该责罚，这是爱护孩子的另一种方式。父亲每天要上班工作，早出晚归。后来他加入了党组织，更是经常要开会或加班，不能回来与我们一起吃晚饭。家务和管教孩子由母亲一人承担。后来，我最小的弟妹也都长大，生活能够自理。母亲也参加了居民委员会的工作。因为母亲在当时的家庭妇女中，也算是有文化的。后来她也加入了党组织，担任居委会主任。

## 喜爱读书

　　1948年秋，我7岁（实足年龄6岁），母亲送我上小学。那时是私立小学，要交的学费，也是父母预先从日常生活费用中节省出来，准备好的。学校名叫务定小学，就在我们家后面的街道上。这条街道也是这个地区的菜市场。早上去上学时，一路上是熙熙攘攘的买菜人群。

　　那时我的脑子尚未开窍，懵懵懂懂就去上学了。我与邻居家的一个孩子同岁，一起上这个小学，而且同坐一个课桌。第一学期结束，我和邻居家孩子一起拿着成绩单回家。成绩单上写有名次，现在我记不清楚确切的数字，可能是他36，我37。我当时不明白哪个名次更好些，还以为我比他高一分。回到家里，母亲看了我俩的成绩单，笑了起来，说我俩都是落后生，我还排在邻居家孩子之后。我这才明白排名次序的道理。母亲只是一笑了之，并没有训斥我，对我施加压力，但我知道了自己学习不好，内心羞愧。

后来，我识字渐渐多了，开始喜爱读书。每到新学期开始，领了课本回来，我就会迫不及待翻阅语文课本，认真读了起来。我在小学期间，还喜欢看小人书（即连环画）。当时，上海街头有小人书摊，我常会向母亲要几分钱，租借小人书看。父亲有时也会从书店买一两册连环画给我，我总是读得津津有味。我对《水浒传》、《三国演义》和《西游记》的故事知识，最初就是从这些连环画得来的。

在小学高年级时，我开始喜欢读课外读物。我家不是书香门第，家里没有藏书。而有一次，我在抽屉里发现一本书，是母亲用来夹放各种丝线的。我就向母亲要这本书。母亲就把里面的丝线都取出，把书给了我。我仔细一读，才知道这是一本为少年儿童编写的外国小说，即《格列佛游记》，讲述格列佛船长在小人国的游记，读着觉得有趣极了。父亲见我喜爱读书，遇到暑假，也会从书店买一本少儿读物给我。这样，由于我喜爱读书，我的脑子也就渐渐开窍，学习成绩也越来越好。在小学毕业时，我还获得品学兼优的奖状。

我无忧无虑，快快乐乐地度过了童年。人们常形容说金色的童年，就我的感觉而言，就是这样的。

中学时代：阅读的快乐

# 借书积极分子

1954 年，我小学毕业后，考入上海市五四中学。学校离我们家很近，走得快一点，五六分钟就能到。这所中学新中国成立前是大同大学附中，教学设施和师资质量都属一流，用现在的话说，属于重点中学。

而令我最喜欢的是学校图书馆藏书丰富。那时学生借书不是采取个人借书的方式，而是每个班由专人负责，定期收集班上学生想借的图书书目，集体借还。其实，每次想要借书的学生并不是很多，因为大家要忙于功课。即使有空闲时间，也愿意用在其他爱好上。而我是借书积极分子，每次机会都不会错过。

我的大弟弟与我相差一岁。我读初中二年级时，他也考入五四中学。大弟弟对我这个大哥一直很尊敬。他见我特别喜爱读文学作品，于是，每次轮到他们班借书时，他都会事先问我，想看什么书，然后他借来给我看。

## 在文学作品海洋中

这样，我在初中阶段，读了很多文学作品，主要是中国现代文学作品。如巴金的"激流三部曲"（《家》《春》《秋》）、"爱情三部曲"（《雾》《雨》《电》）、《寒夜》和《憩园》，鲁迅的《呐喊》和《彷徨》，茅盾的《子夜》，老舍的《骆驼祥子》，杜鹏程的《保卫延安》，柳青的《铜墙铁壁》，周立波的《暴风骤雨》和刘知侠的《铁道游击队》等。还读了许多当时流行的苏联小说，如《钢铁是怎样炼成的》《卓娅和舒拉的故事》《海鸥》以及高尔基的《母亲》和法捷耶夫的《青年近卫军》等。

那时，父亲也为我们兄弟俩订阅了一份《少年文艺》，我每期都认真阅读。父亲也喜欢读书看报，但他读的主要是政治时事一类的书报。我因为爱读文学作品，写作能力也就在不知不觉中得到提高。我的作文常常得到语文老师的高分。有一次，父亲看到我放在桌上的作文本。他看了一篇，问我："这是你自己写的？是不是抄来的？"我说："是我自己写的。"父亲脸上露出满意的微笑。

## 数理化也是很有趣味的

由于我偏爱文学，对数理化也就用功不够。一次，母亲看了我的学期成绩单，提醒我这一点。我也接受母亲的批评，注意不要偏科。其实，只要用心，数理化也是很有趣味的。我买了一本初中数学的辅导读物，里面有一些初中生难解的数学题。我沉醉其中，一旦解出的结果与书后的答案一致，也是很兴奋的。

我虽然喜爱读书，但也没有泯灭少年喜欢游戏的童心。我常与班上一些同学寻找附近比较宽敞和僻静的弄堂，一起踢小皮球。在假期里也会结伴在学校操场上打篮球。当时，上海市还组织中学篮球联赛，学校会分给每个班级若干张球票。我会积极争取获得球票，去体育馆观看比赛。我也喜欢打乒乓球。我和家里的小伙伴们常常将客堂里的两张八仙桌拼起来，作为乒乓球桌，中间张起球网，虽然比起大乒乓球桌显得有些局促，但也能充分体验打乒乓球的乐趣。我还自己动手制作象棋盘和象棋子，与小伙伴们下象棋。在暑假里，有时还与里弄里的小伙伴们一起，徒步前往郊区捉蟋蟀和捞蝌蚪，回家分别养在小瓦罐和小水缸里。有时还买桑叶，养蚕宝宝，一直养到蚕宝宝结茧。确实，各种各样的游戏和体育活动对于发育成长中的少年，既能增强体质，又能开发智力，还能增添生活乐趣。

## 更大的乐趣是能"博览群书"

1957 年，我初中毕业后，继续考入五四中学高中。我仍然保持着文学爱好，经常在学校图书馆里查书目，借书看。那时，我不仅读中国现当代小说和苏联小说，也读欧美作家的小说，如巴尔扎克、狄更斯、马克·吐温和德莱塞的小说。同时，我也开始喜欢读诗歌作品。

在高中期间，母亲见我已经长大，每月会给我一元或两元的零花钱。我一般不舍得买零食吃，几乎都用在买书上。我经常在星期天，步行到靠近上海外滩的福州路旧书店淘旧书。常常是浏览半天，买上一册几角钱的书回家。那是上海最大的一家旧书店。我一跨进店门，一眼望去那么多的开架图书，就像进入了书的海洋。其实，对我来说，买不买书还是其次，更大的乐趣是能"博览群书"。许多书我买不起，可以到图书馆借阅。但是，遇到我特别想买下的书，也就是想自己收藏而能随时阅读的书，即使价格对我来说贵了些，也会下决心买下。例如，当时臧克家选编的《中国新诗选》（精装本），我就是在这个旧书店里买下的。

这部《中国新诗选》成为我读中国新诗的向导。我细细品读了这些新诗，感觉语言在诗人们的编织下变得那么奇妙。诗人比常人感情更强烈，更细腻；目光更敏锐，更深邃；想象更丰富，更奇特；语言更优美，更曲折。在诗人的笔下，宇宙万物都是有生命的。世界在诗人笔下呼吸着，搏动着。山川草木，飞禽走兽，也都应和着诗人的喜怒哀乐。此后，我也注意从学校图书馆借阅中国现代诗人的诗集。其中，郭沫若的诗集中，《女神》给我留下最深刻的印象。闻一多的诗歌我也特别喜爱。我是从《闻一多全集》中读到他的诗歌《红烛》和《死水》的。他的诗歌充满对祖国炽烈的爱，而诗歌语言又能呈现格律美。《闻一多全集》中还收有闻一多选编的《现代诗抄》（即中国现代诗人诗选）以及许多关于新诗和新文学的评论文章。而占据全集篇幅最多的还是中国古代诗歌选编和校笺，以及关于中国古典文学的研究。我第一次领略了一位大学者兼大诗人的风貌。

因此，闻一多先生在我的心目中，始终是中国现代的一位文化伟人。我还从图书馆借到卞之琳与李广田和何其芳的诗歌合集《汉园集》。我想在一般的中学图书馆里，也许很难找到这种新中国成立前出版的原版诗集。

## 虹桥中学

1958 年，在我们高中第一学年结束时，老师向我们宣布一件事。在西郊新建成一座中学，名为虹桥中学。当时只招收了初一和高一学生，学校按照上级的安排，准备抽调我们五四中学初二、初三和高二、高三各两个班的学生连同师资力量，支援这所中学。我所在的班就在其中。不过，学校也表示，因为虹桥中学采取住宿制，如果家庭感到有困难，也可以申请不去。自然，绝大多数学生都在家长支持下，响应号召，高高兴兴转往新学校。

开学时，我们都背着铺盖卷报到，而学校订购的床还没有到货。宿舍里已经铺好稻草地铺，我们依次各自铺上床单。其实，睡在稻草铺上，闻着稻草香味，也是很新鲜的。后来床到货后，都是上下铺的木板床。学校里有大操场，体育设施齐备，操场周围还有一圈跑道，这在市内的中学是见不到的。早晨醒来，满耳是窗外鸟雀的啁啾声。起床后，可以迎着朝阳，沿着操场环形跑道跑步锻炼。离学校一站地，有规模很大的西

黄宝生高中毕业证

郊公园，而就在学校附近，还有一个虹桥公园。这个虹桥公园也许过去是达官贵人的私人花园，小巧玲珑，有碧绿的草地，有小桥流水，还有假山和竹林。进入这个公园无须买门票，而游人稀少。我们在中午或下午课后，随时可以去散步。因此，我对这个学校及其周围环境很满意。

　　这样，我第一次离家过集体生活。三顿饭都是在大食堂里分组围桌就餐。厨师是招聘的当地的叔叔阿姨，因此，饭菜有郊区乡村风味，新鲜可口。我尤其喜欢早上香喷喷的大米粥。早晨起床后，进行早操。下午课后，可以在操场上自由活动。晚上在课堂里晚自习。这种有规律的生活，对于学习也是很有利的。

　　星期六下午放学后，我们都回市区家里。而恰好这时候也是在郊区上班的职工们下班回家的时间。因此，公共汽车很挤。起点站是西郊公园，我们学校前有一站，然而汽车到这站已经挤不上车了。这样，我们要么在学校里再玩一会儿，错过乘车高峰，要么去西郊公园起点站排队上车。有时，我们中有些调皮的同学设法插队，受到排在后面的乘客埋怨。所以，有时候我们几个同学结伴，索性步行回家。那时，我们正值青春，从郊区走回市区，也并不觉得有多累，而且能节省一次车钱。一路上大家说说笑笑。进入市区后，路过新华书店，进去看看有什么新书，路过邮局，进去看看有什么新的文学期刊，也很逍遥自在。

# 我的作家梦

在虹桥中学，我感到唯一的遗憾是没有了五四中学的图书馆。新建的一个图书室规模很小，刚刚开始采购图书。我是借书积极分子，所以老师也指导我为新进的图书登记目录。同时，我们也可以到附近新建的西郊图书馆借书。我从那里借阅的第一本书是肖洛霍夫的《静静的顿河》（第一卷），崭新的精装本。我饶有兴味地读完了它。后面的三卷，我是大学时期读的。而在我的记忆中，总觉得第一卷最精彩。后来，我和班上一位同学一起，又去市内的一个区图书馆，为班级办了一个集体借书证，义务为班上喜爱读课外读物的同学借还书。

大约从 1957 年开始，中国当代长篇小说出现一个繁荣期，《红旗谱》《林海雪原》《青春之歌》《上海的早晨》和《创业史》等，我都跟踪阅读。除了小说外，我也关注当代诗人的作品。在新一代诗人中，我尤其欣赏闻捷和郭小川。我也读外国诗人的作品，如雪莱、拜伦和普希金。印度诗人泰戈尔的诗歌，我也特别喜爱，读了他的《吉檀迦利》《园丁集》和《飞鸟集》。我也注意到当时文艺界讨论新诗形式问题。因为当时出现新民歌运动，舆论普遍推崇民歌体。而何其芳倡导现代格律诗。我凭直觉赞同他的意见。因为闻一多早就著文倡导现代格律诗，并亲身实践。我觉得一味采用七言民歌体，形式容易趋向单调，而且也不能完全适应现代汉语。自由体新诗也能写出好诗。最好的办法是平等对待自由体、现代格律体和民歌体，让它们自由发展，中国的诗坛就会五彩缤纷。

我在虹桥中学读书期间，班上另有三位喜爱文学的同学，我们结为好友，经常在一起谈诗论文，怀着将来当作家的憧憬。我也开始练习写作小说和诗歌。在练习中，我深感要成为一个真正的作家和诗人，需要漫长的磨炼过程。我当时还参与班上的墙报编辑工作，也在墙报上发表我的诗作。我也听到班上一些同学在墙报前议论，说我将来会成为作家，这更强化了我的作家梦。

回想我们高中时代，学生的课余时间还是比较充裕的。我虽然偏爱文学，但其他各门功课也都能保持优良成绩。学生们能自由发展各自的爱好。喜爱美术的同学专心画画，为墙报写美术字和配图，也可以到公园里写生。喜爱数理化的同学经常互相交流心得，交换数理化辅导读物。我记得班上有个同学，酷爱数学。课余时间，经常见他埋头钻研数学难题，需要休息片刻时，便吹吹口琴，自得其乐。一次，他给我看一份《数学通报》，最后一页上登有一批解出上期刊登的数学难题的读者名单，其中也有他的名字。我很惊讶，向他表示由衷钦佩。他还拿出一沓草稿，让我看他解题的演算过程。

当时教育部门提倡教育与劳动生产相结合。我们学校地处郊区，因此遇到农忙时节，就去附近公社干些辅助性农活，如锄草、采摘蔬菜或搬运稻草等，对农民的勤劳朴实有了亲身体会。有一段时间，郊区农村开展扫盲运动，我们也在晚上分头到农户家里，在煤油灯下，辅导农民读书识字。郊区农民虽然说的也是上海话，但发音跟我们有些区别，充满乡土气息，我们听着觉得很亲切。

我在上高二的时候，生过一场急病，那是由感冒引起的。我发烧出汗，请假躺在床上休息。同学给我送晚饭时，摸我的额头发烫，又见我内衣湿透，赶紧报告老师。老师来了之后，说马上送医院。于是，同学们抬着担架，快步赶往公共汽车站。汽车来了，司机见状，告知车上的乘客们，要将得急病的学生直接送往医院，请大家换乘下一趟车。这样，公交车成了救护车。我被抬上车后，渐渐进入半昏迷状态，只觉得路灯的光亮在眼前一晃一晃。到了医院，我开始还闻到药水气味，然后就什么也不知道了。经过医院抢救，我到第二天下午才苏醒过来。睁眼先看见白色的天花板，然后看见妈妈守候在我身边。接着，老师和同学都到医院来看望我，让我感到温暖。我得的是急性肺炎，经过十多天打针吃药，才痊愈出院。事后，父亲还写信感谢和表扬公交单位和司机。父亲对我说，这事要发生在旧社会，我的这条性命恐怕就保不住了。

我在高三时，班上的共青团支部吸收我入团。我的语文成绩好，语文老师也很器重我，在为毕业班学生辅导高考作文时，将我的一篇作文和另一个班同学的一篇作文刻写油印，分发给大家参考。在毕业典礼上，我还获得优秀生奖状。

## 遇到高水平的英语老师

我在高中阶段，学习英语也很努力。因为我也一直喜欢读外国文学翻译作品，心想学好英语，将来也能阅读或翻译外国文学作品，该有多好。当时，中学的英语是从高一开始学的。在五四中学上高一时，教英语的是一位女教师，从长相看，是混血儿，毕业于教会学校，讲一口标准的美式英语。她的教学态度既热情，又认真。她批改我们的作业本，不是按照五分制打分，而是用英语写上 good 或 nice。到了虹桥中学，英语老师也是原来五四中学的老师，其中一位老教师的英语水平相当高，能将中国小说翻译成英文，发表在中国对外发行的英文版《中国文学》杂志上，自然，教学质量也是很高的。我的学习积极性也很高，还购买《英语学习》杂志，作为自己的辅导读物。

## 报考编剧专业

在报考大学前，通常艺术院校提前招生。就在西郊，有一所上海电影专科学校。我的三位喜爱文学的同学，约我一起去报名。我已经决定报考大学中文系，但心中也没有把握一定能考上，有这个机会，不妨试一试。其实，我也是一个电影爱好者，在中学期间，几乎每隔一两个星期就会看一次电影。上海的电影院分为头轮和二轮，二轮电影院放映头轮电影院放映过的电影，票价便宜，而且学生票还能打对折。所以，我们大多看二轮电影，但遇到急着想看的电影，也会看头轮。我在虹桥中学住读时，我的大弟弟仍在五四中学读高中。我周末回家时，他常常买好星期天的电影票，我们一起看电影。无论国产电影或外国电影，我尤其钟爱根据文学名著改编的电影。我有时也喜欢看看电影艺术方面的杂志。

我报考的是编剧专业。在考试前，我还读了几本关于电影艺术和怎样编写电影剧本的书。我们四个同学报考，笔试后张榜，我和另一位同学榜上有名。然后是口试。最后录取张榜，我的这位同学榜上有名，我落选。我为这位同学感到高兴，因为我们都是好友。我也没有遭受挫折的失意感，因为我觉得起码我的笔试，尤其作文，是过关的，而且，我的性格也未必适合在艺术圈内工作，最好还是读中文系。

## 今夜，我的心激荡

高考填志愿时，我记得可以填很多志愿，大约有十几个。

我填的前四个志愿是北京大学中文系、复旦大学中文系、北京
大学西语系和复旦大学外文系。父亲曾表示希望我读理工科。
但他知道我一向喜爱文学，也就由着我的心意。在高校发放录
取通知书前夕，我还写了一首小诗，记录下我当时的心情：

> 今夜，我的心激荡，
> 明天，高校要发榜，
> 我啊，现在左思右想，
> 摸不透祖国母亲心房，
> 她将安置我在哪一方？
> 北京、天津、南京或安徽，
> 还是留在上海这个老地方？
> 但是，不管这方或那方，
> 我都会感到心花怒放，
> 因为这是祖国母亲
> 召唤我去需要的地方。
> 今夜，我的心激荡，
> 今夜，准会有美梦。

　　第二天，我收到录取通知，我考上了北京大学中文系。

大学时代：名师的指导

# 被分配在梵文巴利文专业

那时，从上海到北京的火车，要乘坐一天一夜。到达北京站，站口就有醒目的北京大学新生接待处。我们集体乘上大卡车，途经长安街，第一次见到天安门。到达北京大学后，各自领取先期托运到北京大学的行李，然后分头住进各系的学生宿舍。

第二天正式报到时，我被告知已经调到东语系。于是，我也不问个为什么，就去东语系报到。因为我们这一代青年认为，服从国家需要是理所当然的事。而且，我原本的志愿就是中文系或外文系。东语系也是外文系，也符合我的心愿。

在东语系欢迎新生大会上，系主任季羡林先生致欢迎词，其中提到欢迎中学学过英语的同学填报梵文巴利文专业。我知道梵文是唐玄奘从印度取回的佛经使用的语言，但不知道巴利文是早期佛教使用的语言。当时每人可以填三个志愿。虽然梵文巴利文对我来说有一种神秘感，但内心还是倾向学现代外语。而我在中学学过英语，觉得也应该响应系主任的号召。于是，我将梵文巴利文填为第三志愿。结果，我还是被分配在梵文巴利文专业。

我们班最初有 20 个同学，后来身体健康复查，其中一个同学因患有肺结核，退学回家养病。中途，有一个同学因高度近视，说是不适应频繁查阅外文字典，便转到中文系读古典文献专业。还有一个同学，经常头痛冒汗，不能适应学习生活，也休学回家。这样，我们这个班一直保持 17 个同学。

　　班上同学绝大多数是头一回听说梵文巴利文，有个同学说最初听到梵文巴利文，还以为是法文巴黎文。然而，我们与东语系高年级同学接触时，他们都很羡慕我们能有机会学梵文。在社会上，凡有文化修养的人，得知我们是学梵文的，也会流露出惊喜的神情。这样，我们慢慢地也觉得自己成了幸运儿。

## 季羡林和金克木执教

　　我们这个班是现代中国大学首次开设的正规梵文巴利文班。由季羡林和金克木两位教授执教，学制五年。教材都是两位老师白手起家，亲自动手编写的。当时的教材都是刻写油印的。梵语语法方面，季先生的《梵文语法讲义》是依据德国学者斯坦茨勒的《梵语基础读本》编译的。我们后来的学习和工作实践，证明斯坦茨勒的《梵语基础读本》是一部出色的梵语语法读本，因为它以尽可能简约的文字篇幅容纳尽可能多的语法规则，成为一部便于梵文学者随手查阅的梵语语法手册。而金先生编写的《梵文文法》主要讲述梵语构词法和各种语法形式的意义和用法，对于初学者尤为实用。这两部语法讲义互相配合，为我们打下了学习梵语语法的牢固基础。

　　第一学期，季先生教授梵语语法，从字母和发音教起。而金先生主要是结合语法教授语法例句。梵语有 46 个字母，传统的写法使用天城体。近代西方学者为了书写和印刷的方便，将天城体字母转换成拉丁体。所以，我们要学会这两种书写方式。我更喜欢天城体，觉得更有印度文化特色。最初学梵文，印象最深的是梵语语法特别复杂。因为我们从小到大学汉语，没有什么语法概念。后来学英语，知道了要学英语语法。但是，梵语语法远比英语语法复杂。名词分为阳性、中性和阴性。每个名词有八个格，又分成单数、双数和复数，这样，一个名词从理论上有 24 种词尾变化。还有复合词的组合方式。各种动词时态和语气也有各种语尾变化方式。一开始学习时，必须死记硬背。老师有时让我们结对，一个看着教材，另一个背诵名词变化表，互相监督检查。但短时间内也记不住这么多的语法形式。因此，老师也配合语法，讲解大量的语法例句，帮助我们加强理解和记忆。

东语系的教学楼名叫外文楼。从北大正校门进入，广场中间是大草坪，对面是大礼堂，左面就是外文楼。最初，我们的教室是外文楼里一间宽敞明亮的教室。后来，季先生将这间教室让给东语系的外籍教师，我们转移到外文楼后面的一排平房教室里上课。因为当时国内东方语种的师资力量还不雄厚，有些语种需要聘请外籍教师。显然，季先生作为系主任，注意照顾外籍教师。

学完梵语语法和语法例句后，开始选读梵语原著，语言由浅入深。最先读的是史诗选段和民间故事。两位先生教授梵语课文，始终注重语法分析，逐字逐句讲清楚语法形态。因为词与词之间的逻辑关系都体现在语法关系中，认清语法关系，才能形成正确的句义。教学方法是要求大家课前预习，上课时，每一句先提名让同学讲解，然后先生再有针对性地仔细讲述一遍。因此，两位先生从学习一开始，就培养我们细读文本的习惯，不能马虎，更不能瞎蒙瞎猜。记得季先生上课时，经常让班长事先在讲台上放好一部莫涅·威廉斯的《梵英词典》，讲课需要时，随手查阅，这也是向我们示范一丝不苟的治学精神。

布置的作业也是要求我们先抄上原文，然后标注每个词的语法形态，再翻译成汉语。我在最初的学习阶段也是很认真的，因为这种包含翻译的作业也是我的兴趣所在。我还注意保持作业本的整洁，最初是先做在草稿上，再誊写在作业本上。而誊写后，觉得还需要改动，但涂涂改改显得页面不整洁，就将需要修改处另外誊写后，剪贴上去。这种做法得到季先生的肯定，他在我的作业本中夹上一个小纸条，写着"这样做很好"。

其实，学会梵语语法后，阅读梵语作品也是很有趣味的。读解一首梵文诗，犹如组装一架机器，大部件和小零件全都安装准确，机器就会转动起来。也像玩拼板游戏，每块拼板放对了位置，就会形成美丽的图案。

在大学五年中，季先生和金先生指导我们选读了许多梵语原典。如史诗《摩诃婆罗多》中的插话《那罗传》和《薄伽梵歌》、故事集《益世嘉言》和《故事海》、戏剧《小泥车》和《沙恭达罗》、叙事诗《罗怙世系》、小说《十王子传》和《迦丹波利》、婆罗门教经典《摩奴法论》和《梵经注》、佛经《金光明经》和《佛所行赞》等。

在五年级时，季先生教我们巴利语。梵语是印度古代主流语言，巴利语是印度古代俗语之一。它是佛教早期的通用语，现存的上座部三藏就是使用巴利语，通常称为巴利语三藏。巴利语的语言形态与梵语相通。因而，学会了梵语，再学巴利语，就相对容易些。同样，季先生先教我们巴利语语法，指出其中与梵语语法相同和相异之处，收效较快。然后，带领我们选读巴利语佛典《本生经》和《法句经》。

## 选修课的吸引力

除了专业课外，我们还有必修的公共课和其他选修课。必修课中包括英语。虽然季先生在新生大会上号召在中学学过英语的同学填报梵文巴利文专业，但可能当时国内许多中学开设的外语课以俄语居多。我们班里，除了五个来自上海的同学以及两个印尼华侨女生在中学学过英语，其他同学都是学俄语的。这样，这些同学必须从初级英语学起。而我们学习的英语起步更高一些。然而，季先生对我们的英语水平要求比较高，因为梵语词典以及其他工具书或参考书都是用英语撰写的，英语水平不够，会严重影响梵语学习。因此，在两年的英语必修课结束后，其他语种的学生可以不再学英语，而我们班必须继续学下去。这样，季先生专门聘请英语教师为我们开小班。先后请了多位英语老师，都是水平很高的。我现在记得其中有哲学系的胡嘉太，西语系的殷宝书和唐云聪。胡嘉太的教材是泰戈尔的英语散文，殷宝书和唐云聪的教材是英美文学原著选读。我们的英语一直学到大学毕业。因此，我们仿佛在北大学的是双语种外语专业。

我学习英语一直很努力。我还购买一些国内英语学者注释的英语小说简写本阅读。我记得当时商务印书馆出版的"英美文学活页文选"和中华书局出版的"中华活页文选"，每一份的定价大约不到一角钱。这两种活页文选，我都十分喜爱，买了不少，用来认真学习。"英美文学活页文选"是国内著名的英语教授注释和翻译的英美文学名篇，对于我提高英美文学作品阅读和欣赏能力很有帮助。我在兴头上，还曾给上海家中去信，说上海福州路有一家外文旧书店，请父亲前去问问有没有英语版的《鲁滨逊漂流记》。过了不久，父亲居然买到了，给我寄来，还是一本带有插图的精装本原版旧书。当时，我不可能在短时间内啃下这本英语原著，只读了十几页，后来这本书成为我心爱的一本藏书。

其他选修课都是季先生为我们精心安排的。我记得有语言学概论、中国文学史、欧洲文学史、印度文学史、印度历史和古汉语等。其中，古汉语对于其他东方语种学生是可以不学的，而从我们将来的研究工作着想，是应该学的。因为中印两国有两千多年文化交流史，尤其是佛教传入中国，留下浩如烟海的佛经文献，在研究中要利用这些佛经文献以及中国古籍史料，是必须掌握古汉语的。

在我们这个班，还会存在一个巩固专业思想的问题。因为一方面梵语本身难学，另一方面有些同学不理解学了梵文有什么用，心底里羡慕其他班级学习现代东方语言的学生将来能从事外交工作。因此，季先生在教学中，经常介绍印度古代历史悠久，文化灿烂，宗教、哲学和文学的文献极其丰富，社会主义文化也要批判地继承中外文化遗产，国家需要培养梵语人才，将来有做不完的翻译和研究工作。1962年，季先生在《人民日报》发表过一篇优美的散文《春满燕园》。北大校园生活在季先生的笔下获得诗化。这篇散文中写到他在早晨走过校园，"从绿草湖畔，丁香丛中，杨柳树下，土山高头"，"传来一阵阵朗诵外语的声音"。在朗读的外语中，季先生还特意点出"梵语"。我们班的同学读到后，倍感兴奋。这也在无形中鼓励我们，巩固我们的专业思想。

我们的两位先生都喜爱文学，季先生是散文家，金先生是诗人。早在1956年，世界和平理事会将印度古典梵语诗人迦梨陀娑列为当年纪念的世界文化名人，季先生和金先生就分别翻译了迦梨陀娑的剧本《沙恭达罗》和抒情长诗《云使》，由人民文学出版社合成一集，出版了纪念迦梨陀娑的特印本。季先生还在1959年出版了印度古代寓言故事集《五卷书》。这些译著也是无言的榜样，激励我们好好学习梵语。

其实，我的专业思想还算是稳固的。我读了《沙恭达罗》和《云使》，爱不释手，钦佩迦梨陀娑的语言艺术，盼望将来有朝一日自己也能从事梵语文学翻译。遇到节假日，我们班的同学常会一起去两位先生家中拜访。季先生和我们叙谈中，经常勉励我们多读书。他还为我们开列过一个中外文学名著阅读书目。他也鼓励我们多背诵一些古典诗词。他讲述自己年轻时，曾跟别人比赛背《红楼梦》。这些都特别合乎我的心意。我记得一次在季先生家中听他说刚读完《鲁迅全集》，另一次听他说刚读完《太平广记》。我真是感叹季先生怎么会有时间读那么多的书。我还记得在大学一年级时，一次在课堂上点名叫我回答问题，把我的名字说成"黄生宝"。同学们都笑了起来，纠正先生说"是黄宝生"。先生也笑了，说是自己刚读完柳青的长篇小说《创业史》，里面的主人公名叫"梁生宝"。这说明季先生也读当代文学作品。

而每次拜访金先生时，他总是口若悬河，滔滔不绝与我们谈天说地。我们确实感到先生知识渊博。有一次我们到金先生家里时，先生先送走一位外系的老师。他告诉我们说，那位老师是哲学系的黄心川，研究印度哲学。因为金先生也通晓印度哲学，曾在武汉大学教过印度哲学。显然，黄心川是前来向金先生请教的。后来，黄心川先生也成为国内著名的印度哲学专家。

选修课中，语言学概论、中国文学史和欧洲文学史是东语系各个班级共同的选修课，因此都是上大课。教语言学概论的是徐通锵，教中国古代文学的是袁行霈，他俩当时都是中文系青年教师，后来都成为各自领域的著名专家。教欧洲文学史的是西语系赵隆勷教授。有这些优秀教师授课，我们确实是很幸运的。

　　我学习这些课程非常投入。学习中国古代文学，袁行霈老师的分析鞭辟入里，让我迷上了中国古典诗歌。因为我在中学期间，主要是读中国现代诗歌，现在我要补上这一课。这样，我在大学期间，沿着中国古代文学的发展轨迹，依次阅读了人民文学出版社出版的"中国古典文学读本丛书"：《诗经选》《楚辞选》《乐府诗选》《汉魏六朝诗选》《唐诗选》和《宋诗选注》。此外，我也阅读《宋词选》《历代散文选》和古代戏曲。记得我读王实甫的《西厢记》，觉得这部戏曲的语言真美，忍不住手抄了一部。

　　学习欧洲文学史时，赵隆勷教授的讲课身心投入，神采飞扬，富有吸引力。他讲过的文学名著，让我觉得非读不可。我现在印象深刻的是当时读了郭沫若翻译的《浮士德》，特别喜欢，觉得这部长诗有思想深度，郭沫若的译笔也很精彩，读来朗朗上口。我还找了相关的参考书阅读，做了读书笔记，写了读书心得。记得当时考试时有自选题，我写的就是《浮士德》的评论。大约从 20 世纪 80 年代开始，陆续出版有《浮士德》的新译本，也许翻译质量会有提高，但我想保持自己的美好回忆，没有再读新译本。同样的情况，傅雷翻译的巴尔扎克小说，朱生豪翻译的莎士比亚戏剧，译文的用词用语自成风格，也是后来的新译本不能完全取代的。

　　这样，我的课余时间大多用在阅读中外文学名著上，有时会挤掉梵文课的预习时间。我甚至心里想，反正老师的讲解我都能听明白，不预习也可以。我常常只预习课文的前面部分，上课时盼望老师先提问我。但并非老师每次都会先提问我。遇到在后面提问我时，我只能老老实实说没有预习到这里。这样的情况发生过两三次后，一天，金先生在课间休息时，对我说："黄宝生啊，你要好好学。错过现在的机会，以后想学也没地方学。"其实，我的梵文学习成绩在班里也算是好的。而且，金先生对班上其他同学从没有说过任何批评的话，唯独这样批评我。我虽然感到惭愧，但也明白先生对我的真心爱护，对我寄予厚望。从此，我改正了这个缺点，每次完成梵文课的预习。其实，在跟随老师学习外语的过程中，就是应该预习和复习，加强记忆，才能越来越熟练。

## 漫无边际的文学阅读

为了争取多读一些课外图书，在大学期间，我一般是寒假回上海探亲，与家人团聚，欢度春节。而在暑假，则留校泡在图书馆里读书。北大图书馆藏书丰富，通常要看的书都能借到。不少长篇小说是留在暑假里读的。譬如，古典长篇《红楼梦》和《西游记》、当代长篇《三家巷》和《红岩》。外国长篇中，比较喜欢法国文学作品，如巴尔扎克的《高老头》和《欧也妮·葛朗台》、司汤达的《红与黑》、罗曼·罗兰的《约翰·克利斯朵夫》。当时一般认为《红与黑》和《约翰·克利斯朵夫》容易对青年产生消极影响，但我读着很喜欢。尤其是《约翰·克利斯朵夫》，描写一个音乐家的成长经历，与特定的社会环境交织在一起，人物心理描写细腻，音乐和小说两种艺术融为一体，难能可贵。

后来，我对俄国文学产生了浓厚的兴趣，读了普希金的《欧根·奥涅金》、列夫·托尔斯泰的《安娜·卡列尼娜》等、赫尔岑的《一个家庭的戏剧》、车尔尼雪夫斯基的《怎么办》以及屠格涅夫的《罗亭》《贵族之家》和《前夜》等。确实，俄国19世纪文学星空灿烂，诗歌、小说和戏剧都取得辉煌成就，而且，也出现别林斯基、车尔尼雪夫斯基和杜勃罗留波夫这样一些杰出的文学批评家。其中，给我留下印象最深刻的是杜勃罗留波夫。

我在读《杜勃罗留波夫选集》（两卷本，辛未艾译）时，读到他对屠格涅夫小说《前夜》的长篇评论，题为《真正的白天什么时候到来？》。他能结合俄国社会现实，依据小说本身反映的生活真实，揭示时代发展的前景。文章纵横捭阖，充满睿智和激情。他写这篇评论时，才24岁，我感叹他真是一位天才。可惜他在25岁时就与世长辞了。同时代的俄国诗人涅克拉索夫用这样的诗句悼念他：

> 然而你的时限到得太早，
> 从手里跌下了预言的笔。
> 怎样一盏理智的灯熄灭了！
> 怎样的一颗心停止了跳跃！

译者辛未艾在译本前面有介绍杜勃罗留波夫的长文，其中谈到书籍在杜勃罗留波夫一生中起着重大的作用。读书是他少年时代最大的爱好。他读过的书籍数量惊人，仅在 13 岁一年就读了 400 多种书。他在 14 岁时，写了这样一首诗：

> 啊，我是多么希望拥有这样的才能，
> 在一天之中把这个图书馆里的书都读光。
> 啊，我是多么希望具有巨大的记忆力，
> 要使一切我所读过的东西，终生都不遗忘。
> 啊，我是多么希望拥有这样的财富，
> 能够替自己买下这所有的书籍。
> 啊，我是多么希望赋有这样的巨大智慧，
> 要把书本中所写的一切东西都传达给别人。
> 啊，我是多么希望自己也能变成这样聪明，
> 使我也能写出同样的作品……

我读到这首诗时，仿佛句句道出自己的心声，只是自己的想象力没有他那么丰富。

在我们班的同学中，赵国华也喜爱文学，与我一样经常阅读中外文学名著，尤其爱读古典诗词。我曾见他从图书馆借来一函线装的李商隐诗集，读了好久，不断往自己日记本上抄录。他曾在班里发起办了一份手抄的《梵巴文苑》，发表班上同学的诗作。他也拿给季先生看了，季先生表示首肯。但只办了两

期，因为大家毕竟要忙于功课，而且也不是人人都热心文学。

我的漫无边际的文学阅读主要是在大学二、三年级。我不仅阅读文学作品，也学习文学理论，如以群的《文学的基本原理》。我还特别喜欢阅读文艺鉴赏类著作，如何其芳的《诗歌欣赏》和王朝闻的《一以当十》等。在当时，国内美学讨论也很活跃，因为文艺美学也是美学的重要组成部分，也引起我的浓厚兴趣。朱光潜先生是中国美学界的元老，在30年代就著有《文艺心理学》和《谈美》。在五六十年代的美学讨论中，他始终坚持美是主观和客观统一的观点。而蔡仪先生主张美是客观的，美是典型。李泽厚当时是美学新秀，主张美的客观性和社会性。当然，这只是最简单的概括。因为他们的观点都有自己的哲学依据、理论架构和具体阐述。我从他们的论争中发现美学与哲学结合紧密，美学可以说是美的哲学，因此，黑格尔和康德的哲学体系中都包含美学。而我还缺乏足够的哲学修养，很难深入其中。我只是出于好奇心和求知欲，阅读他们的论争文章。但我也由此注意学习哲学，在读过的哲学著作中，我很喜欢冯定的《平凡的真理》。这是一部通俗的哲学读物，深入浅出地阐明了许多哲学基本原理。


## 湖畔吟歌


我在大学期间，也经常练习写诗。因为写诗在利用时间上比较自由，写一首小诗不会占用太多时间。有时躺在床上，可以利用入睡前的时间构思。这些不成熟的习作，现在都已流失了，但还留存几首，抄录如下，留作纪念。

## 月夜散步（三首）

### 一

我登上海岸漫步小憩，

喜望见月影在水中浮沉，

呵，要学那蛟龙潜游海底，

每晚上托出悦目的明珠。

### 二

天宫缀镶着万颗星星，

人间闪耀着万家灯火，

想这天宫是人间幻想的，

而这人间是仿造天宫的。

### 三

我愿今夜的诗句，

如同灿烂的繁星，光华四射，

我愿今夜的诗句，

如同簇然的春花，姹紫嫣红，

呵，人们也钟爱这样的诗句，

它们充满着生命和爱情。

## 马蹄声……（两首）

### 夜眠

街灯闪烁在郊道上，
马蹄声远了，更远了……
大车驭着一轮皎月，
驶进了我甜蜜的梦乡。

### 破晓

晨雾迷蒙在郊道上，
马蹄声近了，更近了……
大车驭来一轮朝阳，
驶进了我科学的殿堂。

### 湖畔吟歌

太阳和月亮轮相送辉，
照我潜游在知识的汪洋海，
飞光过隙也该换口气，
我从图书馆里钻了出来。

燕园里鸣响着钟声，

钟声震皱了未名湖水，
雾霭中穿梭着归鸟，
归鸟在编织五月之夜。

我看见同学们围坐在石舫，
风送来一阵阵笑声朗朗，
呵，生活的旋律如此美妙，
叫人怎么能不放声歌唱？

我搏腾在知识海，
我歌唱着幸福歌，
知识的大海无尽头，
幸福的歌儿唱不休。

今天我游了一程，
今天我唱了一首，
明天呵我又游一程，
明天呵我又唱一首。

啊，每天每天垂杨拂面，
千条万条送我万里游，
啊，每天每天夕潮泛波，
千层万层伴我长歌吟……

　　这实际上是我大学读书生活的真实写照，现在回想起来，还很留恋。

# 做一名"人民的勤务兵"

　　大约从大学四年级开始，我感受到国内政治思想领域强调社会主义社会始终存在阶级和阶级斗争，要坚决反对修正主义和资产阶级思潮。学校的思想教育中也重视"兴无灭资"，要求青年一代坚定无产阶级立场，成为革命事业的接班人。这样，在班内的学习会或团组织生活中，经常要求展开批评和自我批评，挖掘资产阶级和小资产阶级思想根源。我也和大家一样进行自我反省，批判自己进大学后，脱离政治，脱离工农兵，放松思想改造，从书本中接受封建主义和资产阶级思想影响，滋生个人主义，追求成名成家等问题。

　　那时，报刊上经常有批判修正主义和资产阶级思潮的文章，如批判文艺美学中的"时代精神汇合论"、小说创作中的"中间人物论"、昆曲《李慧娘》和电影《早春二月》《不夜城》和《林家铺子》等，这些对我触动很大。我觉得自己的思想与时代的要求落差很大。于是，我开始注意阅读毛泽东著作和马克思、恩格斯著作以及政治思想类书籍和文章，努力学习运用阶级和阶级斗争的眼光观察社会现象和阅读文学作品。

　　1963 年 12 月至 1964 年 1 月，我们东语系学生前往北京郊区平谷县参加农村社会主义教育运动。虽说是协助北京市"四清"工作组开展工作，但我们的主要任务是访贫问苦，听取贫下中农忆苦思甜以及干部讲述当地革命斗争史和当前农村的阶级斗争与两条道路斗争，帮助贫下中农编写家史和村史，接受阶级和阶级斗争教育。我在中学时代就已多次下厂下乡义务劳动。在北大前三年中，也多次下厂下乡，我对下厂下乡一直是能适应的。这次我也是积极参加，而更自觉要求自己好好向贫下中农学习。

在参加这个运动过程中，东语系工作组还一直编发油印的《工作快报》。我现在还保存着其中的第17期，因为上面登载了我的一篇文章，题目是《记池宪堂大爷》。这篇文章记述我几次接触这位老贫农的感受，以及一天在他家吃派饭，与他交谈而受到的教育。最后，我表示将来不能当"精神贵族"，而要做一名"人民的勤务员"。文章以一首小诗收尾：

炉火暖在心，

红薯甜在心，

油灯亮在心，

你我心连心。

当时，北大各系的学生都参加了农村社会主义教育运动。学校决定举办一个"北大师生参加农村社会主义教育运动思想收获展览会"。东语系派我去参加展览会的筹建工作。我觉得身负系领导的委托，工作积极性很高，努力协助校干部编写展览会材料和讲解词，布置展览会场，以师生们的所见所闻和心得体会，具体生动地展现师生们在运动中的思想收获。展览会开幕后，各系组织师生前来参观，留言簿写满20多本，称赞这个展览会。我完成工作任务后，回到系里，受到系领导表扬和鼓励。

后来，系领导又让我负责系里的板报工作。当时北大各个系都有自己的板报。所谓"板报"是张贴在大木板架上的壁报，反映各系的思想动态。系里每个班级都有通讯员提供稿源，我和这些通讯员一起编辑和加工，用毛笔抄写在白报纸上。编好后，安放在学生食堂里，学生们可以利用就餐时间观看。这些通讯员多数是喜爱文艺的，经常会在一起谈论文学和艺术，对工作充满热情，我们紧密合作，心情都很愉快。

# 4分的《薄伽梵歌》

那时，我已开始习惯用阶级和阶级斗争的眼光分析文学作品。在五年级的一次开卷考试时，我选译了印度古代宗教哲学诗《薄伽梵歌》中的20首诗，然后写了一篇译后记，运用阶级和阶级斗争的观点分析批判这部宗教哲学诗，结论是"它的全部内容是唯心的，反动的。印度历代统治阶级都利用它，作为巩固剥削制度和麻醉劳动人民的工具"。但是，金先生给我打的分数是4分。显然，这说明金先生当时的思想还是比较冷静的。因为金先生教过我们《薄伽梵歌》，他在讲解中并没有对这部作品采取简单的全盘否定态度。几十年后，我翻译的《薄伽梵歌》由商务印书馆出版，我撰写的导言对《薄伽梵歌》做了历史的、客观的分析评介，这是后话。

# 铭记老师的培育之恩

终于完成五年学业，大学毕业。毕业时，我们梵文巴利文专业的分配工作遇到一定困难。东语系其他语种专业的毕业生，在放暑假前，都完成了毕业分配工作，而我们专业 17 个毕业生的分配还没有完全落实。于是，系里决定让我们先回家过暑假，等开学后再回学校进行分配。而 9 月初回到学校后，一直等到月底才公布分配方案。这说明季先生为此事费了不少心血。分配的结果是：两位同学留在北大东语系，八位同学到中国社会科学院（当时名为中国科学院哲学社会科学学部，简称学部），哲学研究所、历史研究所、宗教研究所和外国文学研究所各有两位同学。另有三位同学分别在北大亚非研究所、北京图书馆和对外文委。然而，还剩下四位同学留校待分配。

我被分配到外国文学研究所，对我来说是如愿以偿。显然，季先生对我是很了解的，对我们这批学生也是怀有感情的。临别前，他说过你们先到各自的单位工作，一年后如有机会，你们还可以回来进修，我再教你们。

从小学、中学和大学的整个求学过程中，我深感能遇到好老师是天降幸运。只要学生本人是可造就之才，遇到好老师，就会如虎添翼，加速成才。我这一生中遇到许多好老师，我永远铭记他们对我的培育之恩。

黄宝生北京大学毕业证

1965年北京大学东语系梵文巴利文班毕业留念
前排右五为季羡林，前排左五为金克木，后排左四为黄宝生，前排右二为郭良鋆

进入外国文学研究所：科学的殿堂

# 有工资了

　　我是在 1965 年 9 月 30 日到外国文学研究所报到的，被安排住在建国门外新建的职工宿舍。那是两居室的住房，有厨房和厕所，每居室住两人，床铺和桌椅都是公家配备的。学部大院离我们宿舍不远，步行 10 分钟就能到达。外文所在大院里的四号楼。我的专业是梵文，被安排在东方文学研究组。

　　那时所里许多研究人员已下乡参加农村"四清"运动，有些在北京郊区，有些在江西省。9 月 30 日我到所里上班时，所里空空荡荡的，这天是国庆节前夕，中午食堂聚餐，副所长王平凡让我参加所里行政人员的聚餐。

　　所里每月 5 号发工资。我们大学毕业到所后，每月工资 46元。因为我是 9 月 30 日报到的，所以还补发 9 月份半个月的工资。这样，我第一个月拿到的工资有 69 元。我从来也没有得到过这么多的钱，感觉突然成了富人似的。那时，一天三顿在食堂吃饭，每月伙食费不会超过 20 元。

　　我到外文所后，我的大弟弟还在中国科技大学上学。当年我考上北大后，曾经买了一套北大风光照片寄回家里。我的大弟弟看了后，下决心也要到北京上大学。第二年，他就考上了中国科技大学，学的是核物理专业。我们兄弟俩在大学期间，都没有申请助学金，家里省吃俭用，每月供给我们每人 20 元生活费。家里还有四个弟妹在上中、小学，生活负担是很重的。现在，我有了工资，便每月分出 20 元给我大弟弟。这样，就减轻了家里每月 40 元的负担。我也算是第一次以自己的微薄能力，报答父母的养育之恩。

## "大学的学习只是入门"

外文所成立于 1964 年 9 月，它是从文学研究所分出来的，即由文学研究所内的苏联东欧文学组、西方文学组和东方文学组组合而成，再加上一个《世界文学》编辑部。所长冯至原是北大西语系主任，副所长兼党总支书记王平凡是延安干部。苏联东欧文学组组长戈宝权，西方文学组组长卞之琳，东方文学组组长由北大东语系主任即我的老师季羡林兼任。所内集中了国内一批外国文学知名专家，如李健吾、罗大冈、罗念生、杨绛、袁可嘉、叶水夫和潘家洵等。钱锺书先生原本也属于外文所，当时被借调给文学所，此后也就一直留在文学所。除了这些老一辈专家外，其他青年研究人员或是从苏联东欧留学归国的，或是从北大西语系、俄语系和东语系毕业的。我能来到国内水平最高的外国文学研究机构工作，是多么幸运，兴奋的心情可想而知。

我到所后，领导先把我安排在图书室工作。因为外文所与文学所分家，文学所将外文图书移交外文所。当时，外文所新建立的图书室缺乏懂英文的工作人员。而我也懂英文，能帮助图书室接收外文图书。所有的外文图书已经运到外文所的书库，排列在书架上。我的任务是拿着目录卡片，逐一核对书架上的图书，凡是有目无书，则将卡片抽出。自然，我非常乐意做这项工作，可以熟悉所内的英文藏书。其实，我核对的不仅是英文图书，还有法文和德文等其他西方语言图书。当然，我不懂其他西方语言，核对的时候要比英文图书更细心些。

这样，我天天在图书室上班。一天，即将下班时，所长冯至来图书室看看这里的工作情况。主任牟怀真向冯至介绍我说："这是新来的大学生，学梵文的。"冯先生说："知道，知道。"这是我到所后，第一次见到冯至先生。冯先生对我说："你大学刚毕业，大学的学习只是入门，你以后在所里还要好好自修提高。"我心里感到一阵温暖。其他还说了什么，我现在记不得了，而这句话我这一辈子也没有忘记。

冯至先生是诗人。鲁迅先生曾经称赞他是"中国最为杰出的抒情诗人"。他也是德语文学和杜甫研究专家。我在中学时代就读过他的新诗，在我的心目中一直占有崇高的地位。我在北大期间，也听过他的演讲。在校园里遇见他，不敢贸然上前与他说话，只是久久望着他的身影。现在，终于可以亲耳聆听他的教诲。

学部在北京所处的位置离东单和王府井都不远。我最喜欢去的地方，还是新华书店和旧书店。有一次，我在东安市场旧书店，发现一套十卷精装本的《泰戈尔作品集》，是人民文学出版社为纪念泰戈尔诞生 100 年而出版的。我看到后，十分喜爱，买下了它。这套书我一直收藏着，这次查了最后一册所标的这套旧书价是 10 元 4 角。这是我从中学时代买书以来，第一次能够出手这么多的钱买一套书。

逛新华书店和旧书店是我从中学时代养成的习惯，直到我年老眼花，几乎每个月都要逛一两次书店。逛书店能及时了解各种新书信息，而且买书前能亲自翻阅一下，确定买不买，减少盲目性。即使不准备买的书，翻翻看看，也能长知识。我这一生中，逛书店是我的一大乐趣，也是我知识积累的一个重要渠道。

我帮助图书室核对完毕外文图书后，发现还有一批新到的外文图书，尚未登记。我在整理中，发现其中还有一些印度出版的梵文图书，尤其是里面还有一部印度学者阿伯代编的《实用梵英词典》（增订本）。这应该是原来文学所的吴晓铃先生为所里订购的。因为吴先生是中国古典戏曲专家，也通晓梵文，翻译出版过两部梵语戏剧作品：戒日王的《龙喜记》和首陀罗迦的《小泥车》。我真是喜出望外，便向主任借阅这部《梵英词典》和其他两本梵语文学作品，主任也欣然同意。

确实，我们在北大时，系图书馆里备有多本梵英词典，供我们使用。现在，我到了外文所，倘若没有词典和梵文书籍，我怎么"自修提高"？这部词典和几本梵文书仿佛是所里事先为我准备的。这样，我晚上回到宿舍，可以开始学习。

## 《欢迎亚非拉朋友参观井冈山》

年底时，冯至先生在所里做工作总结报告。我记得当时冯先生提出外文所今后计划要编一部大型的外国文学史，包括欧美文学、苏俄文学和亚非拉文学。在当时的政治环境下，提出要为世界革命服务，要批判现代资产阶级文学，批判苏联修正主义文学。

随即，院里再次组织各所研究人员前往江西农村参加"四清"运动。我和所里一些人员也参加，与先前已经在那里工作的人员会合。我们的任务是协助当地的工作组开展工作，主要做些记录和整理材料的工作。我们在那里住在农民家里，吃派饭，也就是与农民同吃同住同劳动。

江西是老革命根据地，虽然已经解放多年，但农民的生活状态还是比较贫困的。我们吃派饭是按规定付饭费的，所以我们也常去贫困户家里吃派饭。贫困户农民接待我们也是很热情的，一清早会去沟渠中张网捕捉小鱼，而家里缺少煎鱼的油，所以是用铁锅烤熟的。此外，再煮一些自留田种的蔬菜。其实，我们的意愿是与农民打成一片，农民能把我们看成自家人，我们心里会觉得很高兴。

当时，我们所在的农村还没有通电，晚上，农民家里没有事，就舍不得点煤油灯。我们有时晚上去串门，发现他们家里人守黑坐着说话，而听见我们来了，他们就会立即点亮煤油灯。冬天，村里的一些壮劳力定期进山砍柴，一清早出发，直到傍晚天黑，拉着一大车柴薪回来，分给村里各家，而他们个个筋疲力尽，疲惫不堪。我们还在缺乏壮劳力的农民家里，看到屋顶上破漏处还飘进雪花，小孩子还像夏天那样光着脚，冻得红红的。这样的情景，我们生活在大城市的人是想象不到的。这些都是对我们的现实教育，让我们记住要在各自的工作岗位上，为祖国早日繁荣富强而努力工作。

在春节前后，工作组放假。学部工作组组织我们不回京探亲的人员参观井冈山，用了三天时间。在参观途中，我们也遇见前来井冈山参观的非洲朋友，我顿时心有所动，想写诗。一路上经过构思，写了一首诗：

## 欢迎亚非拉朋友参观井冈山

井冈山是红色的山，
井冈山是革命的山，
井冈山不减当年英雄色，
欢迎亚非拉朋友来参观。

山叠山，山重山，
绵延百里湘赣边，
山上青松千万株，
株株挺拔耸云间。

井冈山上石头突兀立，
块块都能吓破敌人胆，
井冈山路九曲十八弯，

条条都能迷住敌人眼。


革命人上井冈山，
如鱼得水多自在，
树荫歇凉处处是，
溪水解渴流不断。


井冈山是红色的山，
井冈山是革命的山，
热烈欢迎啊，
亚非拉朋友来参观。


那是在一九二七年，
乌云翻滚遮满天，
似一声响雷震大地，
毛委员上了井冈山。


梭镖大刀枪杆子，
工农兵武装齐动员，
打倒豪绅分田地，
红旗插遍井冈山。


中国有了井冈山，

革命有了立脚点，

瑞金延安北京城，

星星之火燎了原。


啊，井冈山，

你是红色的山，

你是革命的山，

你是中国人民的山，

你是世界人民的山，

热烈欢迎啊，

亚非拉朋友来参观，

愿你们带回井冈山革命火种，

将世界革命燎原烈火点燃。


这首习作与我大学时代的习作，诗风迥然有别。可见，在人生经历的每一阶段，都会留下深刻的时代烙印。

开春后，我们也参加在水稻田里的插秧劳动，一天下来，浑身酸痛，夜里睡在床上，仿佛全身骨架都散了。但当时我们还年轻，一夜醒来，基本上就恢复了，第二天照常能干活。我也学着踏水车向水稻田里灌水，一天下来，不仅双腿酸痛，脚底上也起了血泡。在农忙时节，每户人家的伙食会比平日好许多。我们也和农民一样，干活虽然比平时累，而精神上是快乐的。

# 特殊年代

这样，到了 5 月份，中央发出《中国共产党中央委员会通知》（简称《五一六通知》），全国开始了"文化大革命"。尽管当时农村的"四清"运动尚未结束，而我们按照上级的命令，全部返回北京，参加学部的"文化大革命"。

我们回所后，第一天去上班，就看见大院里一号主楼的走廊里，挂满密密麻麻的大字报，都是批判学部领导的。内容是批判学部领导是走资本主义道路的当权派，贯彻修正主义科研路线。我感到惊讶和惶惑，我们过去绝不会产生这样的想法。

中央向学部派了工作组。他们分工到各所发动群众投入"文化大革命"。于是，学部各所楼内楼外的墙壁上开始贴满大字报，批判各所的领导和学术专家。各所的领导一律成了走资本主义道路的当权派，学术专家一律成了资产阶级反动学术权威。批判以大字报和批判会的方式进行，方法是对领导过去的讲话和学术专家的文章加以断章取义，上纲上线。我们外文所也不例外。

我开始的时候，对这场运动并不适应。虽然我在大学后期，已经接受社会主义社会存在阶级和阶级斗争的思想，但现在面对的阶级斗争的对象却是我一向崇拜的诗人、翻译家和学术专家，也就是要打破我心中的偶像。但又想到这场运动是毛主席和党中央决定发起的，觉得自己也必须投身其中，适应时代发展的要求。

　　当时国内的学校都成立红卫兵组织，学部各所也效仿，纷纷成立红卫兵组织，参加者主要是青年研究人员。我也参加了我们所的红卫兵组织。各所的红卫兵组织组成学部红卫兵联队。然而在运动中，群众之间会产生意见分歧，于是，在学部产生另一派红卫兵组织，称为红卫兵总队。两派红卫兵组织都标榜自己最忠于毛主席的无产阶级革命路线。这样，每个所都有以两派红卫兵为核心的群众组织。这些群众组织通常以毛主席语录或诗词中的用词命名。

　　这些群众组织都要表现自己的革命积极性，增添了各所领导和学术专家的苦难。他们被称为"牛鬼蛇神"，集中在一个大办公室（"牛棚"）里。早上来上班后，要接受训话。白天或写检查，或从事打扫厕所、搬运杂物等惩罚性劳动，还随时会被带到群众大会上接受批斗。后来的批斗方式更带有人格侮辱性质，胸前挂牌子，头上戴高帽。然而，在我们这样的知识分子集中的单位，大家居然也会慢慢适应这样的反常现实。我也是如此。

　　随着运动的发展，对走资本主义道路当权派和资产阶级反动学术权威的斗争渐渐退居次位，而两派群众组织之间的斗争越来越尖锐，目的是争夺学部和各所的领导权。这派得势整那派，那派得势整这派，势不两立，斗争越来越激烈，越来越残酷，达到你死我活的地步。这是一个狂热的时代，社会管理体制已经崩溃，群众专政盛行，一切也就变得无法无天。到头来，吃苦受难的还是群众自己。

　　学部的运动已经混乱到了无法收拾的地步。1968 年，中央派遣军宣队和工宣队进驻学部。可是，他们根本摸不清学部的情况，也无法收拾学部的混乱局面。从 1969 年年底开始，学部各所分批下放河南息县"五七干校"。我们外文所是在 1970 年7 月前往"五七干校"的。在"干校"期间，一边参加劳动锻炼，一边继续开展运动。随着"林彪反党集团"覆灭，运动渐渐处于停滞状态。当时，我们都感到前途渺茫，不知运动哪天才能结束，学部会不会就地解散。而从 1971 年开始，按照中央的指示，部分老专家开始陆续返回北京。这样，我们看到了希望。终于，在 1972 年年底，学部各所人员全部返回北京。

## 我的妻子郭良鋆

　　回所后，我们有一部分人员面临住房问题。因为下干校时，学部的双职工家庭，若是家里没有父母留守，住房就交给公家。但从干校回来后，那些住房早已让别人占了。我也属于这种情况，成了无房户。这样，所里就让我们不多的几家无房户，临时每家占用一间办公室。

　　我是在 1969 年 5 月 1 日与郭良鋆结婚的。我俩是北大同班同学，也都来自上海。她的家庭出身是资产阶级，父亲是上海著名的淮海电影院（新中国成立前名为巴黎大戏院）业主。新中国成立后，公私合营，她父亲也是积极配合党的政策的，在政治上也是要求上进的。可是，资产阶级的属性改变不了。因此，郭良鋆也就背上资产阶级家庭出身的包袱。她在大学里也积极要求入团。然而，入团过程要比一般同学艰难，需要不断深挖资产阶级家庭影响，与资产阶级家庭划清界线。终于，她在大学五年级入了团。确实，在当时的大学里，很重视家庭出身，仿佛出身革命家庭和贫苦家庭的学生，在政治上天然高人一等。这是一种不正常的社会现象。其实，党内的许多高级干部也并非个个出身贫苦家庭。从党的政策上说，也不会提倡唯出身论。可是，到了基层，政策就会变样。我本人虽然出生于工人家庭，但在中学时代，我与同学之间，无论出身贫苦家庭的或富裕家庭的，都能很好地相处。进入大学后同样如此。

这里顺便说说郭良鋆这个名字。刚进入北大上课时，季羡林先生点名叫她"郭良鋆（yún）"。郭良鋆说自己叫"郭良鋆（jūn）"。其实，这个"鋆"字有 yún 和 jūn 两种读音。后来，我们这些同学觉得作为女性，读作 yún 更好听。从此，在北京大家叫她郭良鋆（yún），而回到上海老家，大家仍然叫她郭良鋆（jūn）。

在大学里，郭良鋆也喜欢阅读文学书籍，这样，她与我接触的机会就多一些。我经常向她推荐文学书籍，互相交流阅读心得，她也愿意听我夸夸其谈。这样，我俩互相之间渐渐产生好感。我也愿意将我的诗歌习作交给她看。记得有一次，系里组织我们去北京西山参加植树劳动，在一个月夜，我和她一起散步，坐在山坡丛林中，畅谈文学和生活，我心中隐隐觉得我与她的关系越来越亲近。而当时大学里明确不赞同学生恋爱。因此，在大学期间，我俩的关系没有发展成恋爱关系。

大学毕业后，我俩都分配在学部，她在哲学所，我在外文所，同在一个大院里。而且，她住在大院里的 8 号楼宿舍，因此，我俩又有了较多的接触机会。渐渐地，我俩都到了应该结婚的年龄，彼此很自然地将对方视为心中的对象。这样，我俩就结合了。

当时的结婚方式很简单。我俩都可以向所里申请结婚住房。她主动先向哲学所申请住房，哲学所也很快为她安排了住房。然后，我俩由所里开具证明，到派出所登记结婚，领取结婚证书。我俩确定在 5 月 1 日结婚，邀请双方所里比较亲近的同事来做客。当日下午，同事们应邀来到，我俩招待大家喝茶吃喜糖。大家说说笑笑，闹闹场，向我俩道喜和表示祝福，就这样完成了结婚仪式。

干校回来后，我俩虽然借住所里的办公室，但无论如何，可以开始过正常的生活，有了家的感觉，心里还是很愉快的。

## 门房里偷译《罗摩衍那》的季羡林先生

无论在什么环境下，我都热爱读书，在当时的政治氛围下，我认真阅读《马克思恩格斯选集》（四卷本）以及《资本论》（第一卷）、《反杜林论》、《费尔巴哈和德国古典哲学的终结》

和《唯物主义与经验批判主义》，读得也很入味。那时，空闲
时间很多，我们可以非正规地从事科研业务。我也抓紧时间温
习自己的专业。我拿出久违的《梵英词典》，开始阅读梵语作
品。我选择阅读的第一部作品就是《薄伽梵歌》。我认真地读
完这部作品，共计 700 首诗，并将它们初步译为中文。我在作
业本上，还记下了读完的时间，即 1973 年 5 月 3 日。

　　当时，北京图书馆和中国科学院图书馆也向我们研究机构
开放借书。我在北京图书馆发现有印度两大史诗的精校本，《摩
诃婆罗多》共 19 册，《罗摩衍那》共 8 册，都是大开本。于是，
我想今后可以先翻译《罗摩衍那》，因为史诗语言比较通俗易
懂，相对容易入手。

　　后来，在所里的一次会议上，冯至先生对我说，他已写信
给北大季羡林先生，拜托他指导我的梵语文学研究，季先生也
已回信说他"愿效绵薄之力"。冯先生吩咐我直接去北大找季
先生。这样，在一天下午，我兴冲冲前往北大东语系找季先生。
殊不知当时季先生尚未"解放"，我不是在东语系系主任办公
室，而是在学生宿舍的传达室里找到季先生。他在传达室里当
门房，负责收发信件和传呼电话的工作。先生见到我，心情也
很激动。他邀我坐在长条板凳上，与我促膝叙谈。我向他介绍
学部和外文所目前的情况，老专家们已经平安无事，所里已经
可以非正式地从事科研。我想季先生当时听了，一定很欣慰，
也看到了自己的希望。我也向他说了在北京图书馆见到整套的
印度两大史诗精校本，我也有愿望翻译《罗摩衍那》，以后遇

到问题，就来向先生请教。他向我说了许多勉励的话，并对我说："做学问要从 bibliography（目录学）入手。"也就是要我先了解印度学方面前人研究的成果。先生的这句话，我记得很牢。此后我经常在图书馆查找和借阅国内外印度学著作，浏览前人的成果。

这天，我看望季先生后，又回到东语系所在的外文楼，找到金克木先生。他当时在一间办公室里做抄录卡片的工作。我发现这时的金先生已经完全失去往日的神采，他默默听我讲述外文所目前的情况，简单地应答和寒暄几句。我告别金先生后，心中不免有些伤感。但我相信东语系也会像我们外文所一样，慢慢恢复正常。

在此后的日子里，国内形势不断变化，我必须跟随所里的工作安排，一直没有机会确定翻译《罗摩衍那》的计划。而后来我看到季先生晚年的回忆录中，提到他在学生宿舍当门房时，试着向东语系图书馆提出希望他们订购《罗摩衍那》精校本。出乎他意料的是，东语系图书馆为他订购到了。于是，他偷偷开始阅读《罗摩衍那》，并顺手进行翻译。我现在想来，当时先生可能想到答应要指导我的研究工作，想自己先读读《罗摩衍那》。而我后来一直没有去向他请教，他也就顺势翻译下去。

这样，到了1976年"文革"结束时，他已经译出将近三卷。我知道这个情况后，告诉了人民文学出版社。他们愿意将《罗摩衍那》列入出版计划，让我与季先生联系。季先生说他原本翻译时，并没有想到要出版，只是想找点事做，不要白白耗费光阴，现在既然有出版机会，他愿意趁势译完它。于是，他先整理旧译，再继续进行新译，陆续交稿，1980～1984 年出齐了七卷八册的《罗摩衍那》汉译本。这些是后话。

# 与工人一起阅读《鲁迅全集》

1973～1975 年，我一直勤奋读书。我广泛阅读印度学前人研究的著作，也阅读古今中外的哲学、历史、文学和文学理论等各方面的著作，也利用所图书馆藏书，阅读英语文学作品。我这时候的读书是无功利性的，并不着眼于要写什么文章，只是为长远的研究工作打基础，做准备。当时直接感受到的是知识的拓展和精神的愉悦。它的实际效用要到以后的研究工作中才会真正显现。因为我体会前辈学者的治学经验，他们学术的专精都有广博的学识做支撑。我的老师季先生和金先生如此，所里的前辈学者也是如此。

1975 年下半年时，外文所成立了业务领导小组，冯至先生任组长，王平凡任副组长兼党总支书记，行政办公室和各研究组也开始运作。然而，当时"文化大革命"还没有结束，大家还不明确应该怎样开展研究工作。于是，顺应当时的社会潮流，所里开始摸索与工农兵结合、开门办所的道路。这样，所里先后设计了三个科研项目："鲁迅与外国文学"、"马克思恩格斯选集中的文学典故"和"苏联文学纪事"。大家下厂参加劳动锻炼，并与工人一起学习、研究和写作。

我参加的是冯至先生领导的"鲁迅与外国文学"小组，从
6月开始，进入北京东方红汽车制造厂。先是跟班劳动，我跟
随一位工人师傅学习铣工，在车床上铣零件。平时也参加他们
的班会学习，也听取老工人忆苦思甜，厂领导讲述厂史。厂领
导选派了几位青年工人参加我们的"鲁迅与外国文学"小组。
他们都有初中以上文化，大多喜欢文学。他们见到我们，心情
特别激动。在与他们交谈中，知道他们在业余时间读过不少文
学作品，有的还欢喜写诗。由于"文化大革命"的关系，他们
没有机会上大学。令我感到意外的是，其中一位工人说他读过
迦梨陀娑的《沙恭达罗》和《云使》。

这样，我们一边参加劳动，一边安排时间与工人一起阅读
《鲁迅全集》，摘录鲁迅关于外国文学的论述。《鲁迅全集》共
有20卷，前10卷是作品，后10卷是译文，这本身就说明鲁迅
十分重视外国文学翻译工作，正如他自己所说"翻译应与创作
并重"。冯至先生还带领我们参观北京鲁迅故居，访问人民文
学出版社编辑鲁迅著作的专家。冯至先生本人对鲁迅先生是十
分崇敬的。他在20世纪二三十年代与陈翔鹤等创办《沉钟》杂
志，也与陈翔鹤等人一起多次拜访鲁迅先生。鲁迅先生对《沉
钟》杂志一直表示关心和支持。鲁迅先生曾经称赞"沉钟社确
实是中国最坚韧，最诚实，挣扎得最久的团体"。

我们在通读《鲁迅全集》的基础上，讨论鲁迅的外国文学
思想，拟定写作提纲。最后确定写四篇文章，然后一篇一篇讨

论写作细纲，提出哪些观点，运用哪些材料。其中的一篇《鲁迅批判吸收外国文学的理论和实践》由我执笔。这项工作持续进行了一年多，直至"文化大革命"结束。

我执笔的这篇文章，也经过冯先生的审定，原准备在复刊的《世界文学》杂志上发表。后来考虑到这是在特殊环境中的产物，在新形势下也许要重新审视，因此，冯先生说不必忙于发表。现在回想起来，在那个特殊的年代，我们总算没有完全白白荒废时间。我在这段时间里，相当于跟随冯先生读研究生，经历了一次写作学术论文的全过程：阅读原著，收集材料，思考问题，分析归纳，拟定写作大纲和细纲，写作，修改，定稿。同时，冯先生对待文学创作和学术研究一以贯之的坚韧沉着和实事求是的精神，也给我留下深刻的印象。

1976 年，党中央粉碎"四人帮"，宣告"文化大革命"结束。

新时期：春天的勃发

# 在《世界文学》编辑部工作的收获

1977年5月，根据中央的决定，"中国科学院哲学社会科学学部"改名为"中国社会科学院"，胡乔木任院长。科学的春天来到，我们外文所也跟随时代的脚步进入新时期。

所里制订研究计划，各个研究组的研究工作迅速开展起来。同时，根据研究工作需要，陆续调进一些研究人员。原先的研究组经过调整改称研究室，分别是东方文学研究室（后又分为东北亚东南亚文学研究室和南亚西亚非洲文学研究室）、西方文学研究室（后又分为英美文学研究室、南欧西葡拉美文学研究室和中北欧希腊罗马文学研究室）、苏联文学研究室和东欧文学研究室。

《世界文学》于1977年10月复刊，先内部发行，作为试刊。一年后，才正式恢复公开发行。《世界文学》是中国现代一个历史悠久的翻译介绍外国文学的刊物，它的前身是鲁迅先生在30年代创办的《译文》杂志。1953年，《译文》由中国作家协会继续编辑出版，1959年更名为《世界文学》。1964年外文所成立时，《世界文学》脱离中国作家协会并入外文所。1965年，国内文艺界整风停刊一年。1966年复刊时，爆发了"文化大革命"，故而，只出版了一期，又被迫停刊，而且停了10年。

《世界文学》复刊时，受到长期处在文化饥渴中的广大读者的热烈欢迎。当时的发行量相当可观。在《世界文学》复刊阶段，我被借调到编辑部工作，在编辑部工作了一年。一年后，各研究室的工作已经正常运作，我又回到东方文学研究室。因为我学的专业是梵文巴利文，无人能替代我的研究工作。确实，如果我学的专业是英语或俄语，可能也就一直留在《世界文学》编辑部工作了。

我在编辑部工作的一年中收获是很多的。我能亲身体验到老编辑们的敬业精神，也能学习他们的编辑经验。他们本身都有丰厚的学养，熟悉外国文学的历史和现状，也重视与所内外专家交流，由此提出选题，约请译者。对于译稿，他们对照原文审读，凡有修改，都经过译者过目。我听老编辑说过，凡是文字加工，只能改得更好，如果可改可不改，宁可不改。确实，作为编辑，很讲究文字功夫，审稿时字斟句酌，连标点符号也不放过。而且，编辑改稿，使用的各种符号也是要符合规范的。

我在《世界文学》编辑部工作期间，也根据编辑部提供的选题，翻译了非洲英语作家的一部长篇小说《季末的雾中》（选译），发表在 1978 年第 1 期上。这是我首次正式发表的翻译作品。我离开编辑部后，编辑部需要时，也会约我为他们翻译作品。

## 翻译印度现代文学和哲学著作

我所在的东方室有日语、朝语、梵语、孟加拉语、印地语、泰语、印尼语、波斯语和阿拉伯语等语种。除了日语的两位专家李芒和李德纯以及孟加拉语专家石素真外，其余的东方语种的研究人员全都毕业于北大东语系。原本我和同班的一位印尼华侨女同学一起分配在外文所，而在"文化大革命"后期，她申请回印尼，后来一直留在香港，改行了。因此，从事梵语文学研究的就剩下我一人。

当时，出版社也恢复了出版外国文学作品的业务，我们外文所是人民文学出版社的重点联系单位。我和室里两位从事印度文学研究的同事周志宽和倪培耕合作翻译了一部《印度现代短篇小说选》。印度现代语言有十多种，其中印地语在宪法上确定为国语，而英语也是印度现代通行的语言。印度各语种文学的优秀作品，常会被译成英语和印地语。因此，印地语和英语之外的各语种作品可以通过印地语和英语转译。我通过英语选译，他俩通过印地语选译。这部《印度现代短篇小说选》出版于1978年。

后来，我又与他俩合作，翻译印度文学院出版的《印度现代文学》一书。此书概述包括印度英语文学在内的十几种印度现代语言文学，对于了解印度现代文学的发展历史、主要文学思潮和流派以及重要作家和作品很有帮助。这部著作有英语和印地语两种版本。我与他俩分工翻译，并由我根据英语版校订一遍。这部《印度现代文学》出版于1981年。

我在浏览印度现代文学时，读到著名的孟加拉诗人伊斯拉姆的诗集英译本。我很欣赏这位诗人，而国内过去没有介绍过，于是选译了一部分。人民文学出版社的编辑看了后，表示愿意出版这位诗人的诗选。而我选译的数量还不够，于是请石素真再从孟加拉原文选译一部分，合在一起，这部《伊斯拉姆诗选》出版于 1979 年。

大约在 1978 年下半年，我读到印度学者恰托巴底亚耶的《印度哲学》（英语版）一书。我很想全面了解印度哲学。印度哲学自成体系，不同于西方哲学和中国哲学。国内以前有汤用彤先生撰写的《印度哲学史略》，出版于 20 世纪 40 年代。译文使用仿古的文言，因此读起来觉得有些古奥艰深，不甚明白。而我现在读这本《印度哲学》，觉得能读懂。而且，这位作者是印度著名的马克思主义哲学家，运用唯物史观分析和描述印度哲学的发展、特征和各派哲学。他的不少见解有别于传统的印度哲学史家，给人耳目一新的感觉。于是，我决定将它翻译出来。翻译也是精读的一种方式。所谓印度哲学，实际是指印度古代哲学。虽然其中的许多哲学术语难以翻译，但原词都是梵语，我懂得梵语，相对而言，比较容易理解。这样，我于 1979 年上半年译完全书，其中也有郭良鋆翻译的一章。

我们与商务印书馆取得联系，将译稿连同英文原版书一起交给他们。责任编辑很认真，对照原文审读后，表示他们接受这部译稿。这本《印度哲学》汉译本出版于 1980 年。出版后，受到国内哲学界欢迎。我们也送给季羡林和金克木两位老师。后来，听说季先生觉得这本《印度哲学》很有参考价值，自己买了一些，送给当时在东语系就读的研究生。

当时，人民文学出版社也计划出版西方马克思文艺理论著作，约请董衡巽翻译伊格尔顿的《马克思主义与文学批评》。这部著作篇幅不多，是一个小册子，董衡巽承担下来。他知道我爱读文艺理论著作，约我与他合译。这样，我俩各译一半，然后，互相校阅。校阅后，他说我的译文比较贴近原文，其实可以放开一些。应该说，这是翻译新手通常会有的经历。一是外语还不够熟练，二是翻译经验不足。这部《马克思主义与文学批评》出版于 1980 年，也许是"文革"后国内出版的第一部西方马克思主义文学理论著作。

董衡巽是美国文学专家，当时他属于外文所的少壮派。我进入外文所后，与他的关系一直比较紧密。他与爱人两地分居，因而单身住在大院里 8 号楼集体宿舍。我在"文革"期间，常常利用他房间里的空余床位借宿。他可以说是我在外文所的引路人。我从他那里了解外文所的历史和现状，知道外文所的种种人和事。我俩常在一起喝酒聊天，从喝葡萄酒起步，渐渐学会喝白酒。

# 与钱锺书、杨绛先生的交往

各研究室的科研工作走上正轨后，对我们这些青年人来说，首先要突破写作论文这一关。1979 年，上海古籍出版社出版了钱锺书先生的《旧文四篇》，上海文艺出版社出版了杨绛先生的《春泥集》，都是他俩自选的学术论文集。他俩都赠送给我阅读，而且亲自用圆珠笔将书中排版出现的中外文字错漏一一

1999 年黄宝生探望杨绛先生

做了改正，令我很受感动。我将这两本论文集视为我的写作范本，反复阅读咀嚼。在我的学术起步阶段，读到这两本论文集，真好比遇到一场及时雨，滋润了我的心田。

大约这年年底，董衡巽对我说，《读书》杂志正在找人写一篇《旧文四篇》的书评，所内同志觉得钱先生的论文兼及中国文学，不敢轻易应承。他问我能不能写，可能是我"初生牛犊不怕虎"，我说试试看吧。于是，我写了一篇题为《钱锺书先生的〈旧文四篇〉》的书评。董衡巽看了觉得可以，就交给《读书》杂志，发表在1980 年第 2 期上。接着，我又写了一篇《春泥集》的书评，题为《知难而进——读杨绛的〈春泥集〉》，发表在《春风译丛》1980 年第 1 期上。这两篇书评先后在《新华月报》（1980 年第6 期）和《新华文摘》（1981 年第 2 期）上得到转载。

《旧文四篇》是钱锺书先生从自己过去发表的文章中，精选出的四篇。这个集子总共还不到 100 页，可是读完之后，就会觉得它的分量是很重的，因为它蕴含着作者渊博的知识、精深的学问和学术上的真知灼见。第一篇《中国诗和中国画》澄清了中国文艺批评史上的一个重要事实，即中国旧诗和旧画存在标准上的分歧。钱先生认为对于这个"批评史里的事实，首先需要承认，其次还等待着解释——真正的，不是装模作样的解释"。第二篇《读〈拉奥孔〉》指出中国古代诗词、笔记、小说、戏曲和画论中的美学库藏十分丰富。钱先生从中举例阐述莱辛《拉奥孔》中讨论的诗画界限问题。同时，以中外文学史上的创作经验证明诗歌的表现面要比莱辛所想的还要广阔，从理论上补足莱辛论点的欠缺之处。第三篇《通感》，总结了中国诗文中的一种描写手法或修辞手法，并按照心理学或语言学的术语命名为"通感"。确实，文艺研究家的使命就是寻找文艺现象中的规律性东西。像"通感"这类的科学发现多多益善。它有助于提高读者的欣赏能力和作家的表现能力。第四篇《林纾的翻译》对近代林纾在文学翻译方面的功过得失做了最透彻的分析评价。而钱先生这篇文章更重要的意义是通过对林纾的评价阐明翻译理论问题。钱先生指出："文学翻译的最高标准是'化'。把作品从一国文字转变成另一国文字，既能不因语文习惯的差异而露出生硬牵强的痕迹，又能完全保存原有的风味，那就算得入于'化境'。"

《春泥集》也是杨绛先生的自选集，共有六篇论文。集子题名"春泥"，典出清人龚自珍的两句诗："落红不是无情物，化作春泥更护花"，表达作者的自谦之意。然而，在国内的外国文学研究的园地中，这组论文是一簇生命力经久不衰的奇葩。它们的学术分量在于对研究的问题不是避重就轻，而是敢于触及问题的难点，依据丰富的材料，做出剀切的判断。例如，在

《堂吉诃德和〈堂吉诃德〉》一文中，作者先是列举 17、18 和
19 世纪以来对于堂吉诃德的一些代表性见解，然后依据《堂
吉诃德》这部小说本身分析堂吉诃德这个人物形象，由此说明
"通常称道的堂吉诃德，已经不再是《堂吉诃德》这部书里的堂
吉诃德，还包括了历代读者心目中各式各样的堂吉诃德"。那
么，既然出现本质上的差异，怎么又能共名？于是，《重读〈堂
吉诃德〉》一文为我们解答了这个疑难。作者指出："塞万提斯
刻意模仿真实而创造的堂吉诃德和桑丘，身上必然会有他们的
阶级烙印。但堂吉诃德和桑丘的特性，并不等于他们的阶级
性。"作者认为"堂吉诃德之所以成为堂吉诃德，无非因为他
是无视现实而为理想奋勇献身的战士"。因此，《堂吉诃德》的
故事中蕴含着一个"经久常新"的最大题材："理想和现实的矛
盾"。堂吉诃德一心追求空浮的理想而无视现实，而桑丘一味
追求眼前的实利而缺乏理想，两人发疯胡闹的故事"体现了理
想与现实的矛盾"。由此，两人都成了"不朽的典型"。又如，
在《菲尔丁的小说理论》一文中，作者探讨英国小说鼻祖菲尔
丁的小说理论。而菲尔丁关于小说创作的理论文字散见在他的
各部长篇小说中。于是，需要认真发掘，并与它们的蓝本亚里
士多德的《诗学》和贺拉斯的《诗艺》比较，才能发现菲尔丁
推陈出新的地方。这正是这篇论文的难度所在，也是这篇论文
的价值所在。因而，杨先生的《春泥集》给予我们的启示是，
研究外国文学，应该勇于知难而进。学术成果的价值与研究中
克服困难的程度成正比。同时，应该明了，如果没有深厚的外

文和中文根底、丰富的中外文学知识、足够的理论修养，是不可能触及和解决文学研究中的种种难题的。

这段阅读和写作的体验为我当时从事论文写作树立了目标和信心。虽然我后来写作的学术论文无法达到两位先生的水准，但有一点，我在写作学术论文过程中，一直注意运用比较和打通的方法，显然是受到两位先生的影响。

这里，应该说说此前我与两位先生的交往。我最初知道中国有钱锺书这样一位学者，是在大学时代。前面已经提到我在大学时代迷上了中国古典文学，依次阅读《诗经选》、《楚辞选》、《乐府诗选》、《汉魏六朝诗选》和《唐诗选》等。这样，我也读到了钱锺书先生的《宋诗选注》。当时我就感觉到这部选注本别具一格，序文和评注中广征博引，融会贯通，说理深刻，语言生动。从此，我就记住了钱锺书这个名字。

1965 年大学毕业，进入外文所。所领导临时安排我在图书室工作，帮助清点外文所从文学所接收的外文图书。一次，我见到一位学者来图书室借还图书。这位学者气宇轩昂，目光炯炯有神，面含微笑。随即有青年人上前请教问题。只见他谈笑风生，说话声音底气很足，还亲切地捶了捶青年人的肩膀。事后，图书室的工作人员告诉我，刚才那位是钱锺书先生。我心中涌起惊喜："啊，这就是《宋诗选注》的作者钱锺书。"这是我最初见到钱锺书先生。

1966 年爆发了"文化大革命"。钱锺书先生和杨绛先生也在"运动"中受到了冲击。杨绛先生为申辩钱锺书先生"无罪"而遭受批斗的那幕场景，我至今记忆犹新。在时过境迁之后，我无比钦佩杨绛先生当时那种"誓死保卫钱锺书"的大无畏精神。

不久，"运动"由批判走资派和反动学术权威转变为群众组织之间的斗争。斗争越来越激烈，发展到了不可收拾的地步。后来，"工军宣队"进驻学部。从 1969 年年底起，学部全体人员下放河南息县"五七干校"。钱先生所在的文学所是在 1969 年年底前往的，而我们外文所是在 1970 年 7 月启程的。我在火车上的座位恰好在杨先生附近，因此，我亲眼看到杨先生的女儿钱瑗来车站送别母亲，目睹她们母女依依惜别。

在干校期间，我后来有幸与杨先生同在一个班，可以近距离接触和了解杨先生。尤其是干校从息县迁到明港后，"运动"处于停滞状态，我们有了较多的交谈机会。杨先生看似一个柔弱女子，却内心刚强。她豁达乐观，与人为善。她也仿佛秉承父亲的血脉，蕴藏"侠义"精神。她对一些在"运动"中批判过她而后来蒙冤受屈的青年人充满同情。虽然当时的环境不允许她"仗义执言"，但她将这种精神转化在默默的行动中。我不能不由衷佩服杨先生的胆识。

杨先生祖籍无锡，出生在北京，但在上海也生活过多年，会说上海话。我的老家在上海。杨先生的妹妹杨必，也就是萨克雷《名利场》的译者，一直生活在上海，就住在我们家附近的里弄。这样，我和杨先生常常说起上海的生活，会使用一些我们共同熟悉的方言俗语。事隔多年后，她还记得我当时说的有些话，学给我听。

　　那时，我的眼睛出现了玻璃体浑浊的症状。杨先生十分关心我，嘱咐我一定要注意保护眼睛。她说起她和钱先生过去认识的一个朋友，很有学问，后来视网膜脱落，手术没有成功，双目失明，很可惜。后来，我在1981年读到《陈寅恪先生编年事辑》，我猜想杨先生当时所说的这位朋友大概就是陈寅恪先生。

　　在明港时期，同事们之间开始悄悄互相借阅带在身边的中外文书籍。毕竟都是书生，一有机会就想读书。我当时读过英语小说《织工马南》，手边没有词典，遇到不少生字，只能跳过去，但也不妨碍读完这部小说。还有帕克的《美学原理》，这部译著是商务印书馆于1965年出版的，书中还标明是"内部读物"，说明当时出版西方理论著作谨小慎微的心态。我也读过当时破例出版的章士钊的《柳文指要》。我还记得我在读王力的《汉语诗律学》时，戈宝权先生看见了，拿在手里翻阅了一下。因为这部著作中也谈到汉语现代诗歌格律，还引用了冯至先生的几首十四行诗。戈先生便去告知冯先生。冯先生也过来很有兴趣地翻阅这部著作。此外，我也读过一些中国古代诗文集，遇到或想到什么问题，就向杨先生请教。有一次，我遇到古文中的一个典故，手头又没有工具书可查，便请教杨先生。她想了想说："让我去问问钱锺书，他会解释得更清楚。"隔了一天，她从钱先生那里带回一张便条交给我。那是钱先生亲笔书写的，对这个典故的来龙去脉做了详细的解释。我真觉得钱先生是一部"活字典"。我十分珍惜这张便条，将它夹在一本书里，但后来却找不到了。我至今仍盼望着哪天这张便条会突然出现在眼前。

1972 年，学部从河南干校撤回北京，"运动"尚未结束，但处于停滞状态，我们可以非正式地开展业务工作。当时，钱先生开始写作《管锥编》，杨先生开始修订《堂吉诃德》译稿。不料，两位先生又遭遇到了"强邻难处"的困境。从 1973 年冬季开始了"流亡生活"。其间钱先生曾着凉感冒，引发严重哮喘，送医院抢救。1974 年，两位先生迁入学部的一间办公室暂住。当时，我们这些青年人常去探望他俩，看看有什么需要我们帮忙做的事。他俩这样一住，就住了两三年。而且，就在这间"陋室"中，钱先生完成了《管锥编》初稿，杨先生也完成了《堂吉诃德》译稿。记得当时杨先生还向我们展示她的字迹工整的译稿誊写本，谈论翻译的经验体会。

1976 年夏天，唐山大地震，波及北京。为安全起见，钱先生和杨先生与我们一起都集中住进学部的大食堂。一次，钱先生出来散步，我恰好在路旁坐在马扎上看书。他看见我在读一本古典诗词，便高兴地与我攀谈，给予我种种指点。记得还有一次，我与钱先生一起盘坐在大食堂的通铺上聊天。他知道我学的是梵文，便与我聊起佛经。我惊讶地发现钱先生读过许多佛经，还能说出一些佛经用词的梵文原词。比如说，"劫"的原词是 kalpa。我当时顺口应了一句："是的，kalpa。"而钱先生的听觉敏锐，辨音能力极强，对我说他是按照英文的发音念 kalpa 的。当时钱先生与我谈论过哪些佛经，我已经记不清了，但不知怎么，我记住了其中的两部书：一部是《法苑珠林》，另一部是《文镜秘府论》。前一部是佛教类书，相当于一部佛教"百科全书"。后一部不算是佛经，而是日本来华僧人遍照金刚编纂的一部中国诗学著作，后来我在研究工作中也派上了用场。我有时会想，是不是因为我学的是梵文，钱先生一直对我怀有一种特殊的好感。

这样，"文革"后，两位先生出版的书，都赠送给我。杨绛先生翻译的《堂吉诃德》于 1978 年由人民文学出版社出版，她送给我一套，并吩咐我看看里面有什么错字。我认真阅读这部精彩的长篇小说，同时注意挑出排印中的错字，也改正一些标点符号。我把这些提供给杨先生，她看后，转交给出版社。事后有位同事告诉我，钱先生打趣说："黄宝生读书，连标点符号也读。"

## 中国外国文学学会成立了

1978 年，国务院决定编辑出版《中国大百科全书》，并成立中国大百科全书出版社。中国社会科学院院长胡乔木任总编辑委员会主任，以下分设各学科的编辑委员会。外国文学学科编委会的主任为冯至，副主任为季羡林和叶水夫。因此，外国文学卷编写的主力队伍是外文所和北大三个外语系。因为这是国家的一个重大文化建设项目，外文所和北大两方面都高度重视。我也参加了这项工作，并担任南亚文学编委会成员。印度文学条目中，梵语文学由季羡林和金克木先生承担，印地语和乌尔都语文学由北大东语系教师承担，印度英语文学由我承担，其他语种文学由我与周志宽和倪培耕承担。正因为我与他俩合作翻译过《印度现代文学》一书，在此基础上，又查阅其他有关资料，才能编写这些语种的条目。同时，我也协助季先生做南亚文学条目的编辑工作。《中国大百科全书·外国文学卷》（两册）于 1982 年出版，是分支学科中出版较早的一部。

1978 年冬，外文所在广州主持召开全国外国文学研究工作规划会议，参加这次会议的有来自全国各地 70 多个单位的 140 多名代表。他们是高等院校从事外国文学教学与研究的教师和出版社从事外国文学出版的编辑。这是"文革"后，首次召开的外国文学学术会议，专家云集，盛况空前。与会代表们热情洋溢，拥抱旧友，结识新友，"文革"中长期受压抑的心情得到充分释放。我也参加了这次会议，但不是作为会议代表，而是协助所领导做秘书工作，编写会议简报。

这次会议是"文革"后在外国文学研究领域里"拨乱反正"的会议。外文所党委书记吴介民在开幕词中强调"外国文学研究要坚持实事求是和'洋为中用'的方针，解放思想，打破禁区，采取分析批判，大胆吸收，积极借鉴的态度"。并指出"在意识形态领域，尤其是学术研究中的是非之争，只能靠摆事实、讲道理的方式来解决。只有按照文化学术工作的规律办事，有了正常的、健康的学术空气，我们的思路才能开阔，研究水平才能提高，外国文学研究工作才能繁荣"。

中宣部原副部长周扬"文革"后复出，当时担任中国社会科学院副院长，也出席了这次会议，并做了报告，谈了三个问题：世界文学的来龙去脉，外国文学研究中的学习和批判，造就一支外国文学专家队伍。给我印象深刻的是周扬毕竟是中国老一辈文艺理论家，20世纪三四十年代曾翻译车尔尼雪夫斯基的《生活和美学》和主编《马克思主义与文艺》。他对世界文学发展史能提出宏观的看法，说的是内行话。他即使在"文革"中受到那么大的冲击和迫害，仍然对社会主义保持坚定信心。他说："资本主义搞了几百年，社会主义100年也不到，我们中国才不过30年，怎么会不遭到曲折和困难呢？"他坚信"世界的前途一定是社会主义，世界文学的前途也一定是社会主义文学"。

会议还安排代表发言，如北大西语系杨周翰的《如何提高外国文学史编写的质量》和外文所柳鸣九的《西方当代资产阶级文学的评价问题》等。外文所副所长叶水夫做了《关于外国文学研究八年规划草案的说明》。这是本次会议的主要议题。与会代表热烈讨论这个规划，提供修改意见，积极认领任务。其实，当时这样的规划只是集思广益，拓展思路，提出外国文学研究领域中需要做或应该做的各种研究课题。各单位接受课题，并无必须按时完成的约束力，会议也不提供研究经费。而当时对于教师和研究人员，只要有研究课题可做，是最高兴不过的事了。

在这次会议上，还成立了中国外国文学学会，冯至任会长。冯至先生在闭幕词中指出："从 11 月 25 日到 12 月 6 日，我们度过了揭批'四人帮'、解放思想的 12 天。这次会议不仅在我们每个人的生活中是难以忘记的，就是在我国外国文学这门学科的历史中也翻开了崭新的一页。"

我能参加这样的一次具有历史意义的外国文学学术会议，自始至终，心情是兴奋和激动的。我的工作积极性也很高涨。白天开会时，我快速做记录，吃完晚饭，就开始整理材料，编写简报。晚上熄灯后，为了不干扰房间里其他同事睡眠，我将写字台搬到卫生间里工作。因为我们住的宾馆，卫生间很宽敞，灯光明亮。第二天早晨起来，立即将编写好的简报交给所领导审阅。然后，趁早餐前的那段时间，将简报上归纳和摘引的代表发言请代表本人过目。早餐后，稿子送往当地印刷厂排印。通常在会议代表午餐时，印好的简报就能发到各位代表手中。

中国外国文学学会成立后，于 1980 年年底召开了第一届年会。此后，每隔两三年召开一次年会。按照所领导的安排，我多次参加会议前的调查研究工作和会议的秘书工作，我也很喜欢做这些工作。通过参加会议我可以了解国内的外国文学翻译和研究现状，听取各方面专家学者的真知灼见，也能锻炼和提高自己的工作能力。

中国外国文学学会成立后，外国文学各分支学科的研究会也纷纷成立，如日本文学研究会、印度文学研究会、阿拉伯文学研究会、俄罗斯文学研究会、德语文学研究会、法国文学研究会、意大利文学研究会和西葡拉美文学研究会等，我国外国文学研究界的学术活动日趋兴旺。

## "三套丛书"和"名著名译"

1978年，中宣部批准同意恢复外文所主持的"三套丛书"工作。"三套丛书"也就是"外国文学名著丛书"、"外国文艺理论丛书"和"马克思主义文艺理论丛书"。这"三套丛书"工作在20世纪五六十年代就已经实施，由专家组成的编委会确定选题，组织各语种翻译家翻译，人民文学出版社先后出版了约二十种。"文革"开始后，被迫停止。现在再次启动，重组编委会，初步确定选目为"外国文学名著丛书"152种、"外国文艺理论丛书"21种、"马克思主义文艺理论丛书"12种，出版工作则由人民文学出版社和上海译文出版社共同分担。出版工作要求保证翻译质量，以质取胜，也就是做到我们通常所说的"名著名译"。

在1978年和1979年两年之间，国内就出版了"外国文学名著丛书"中的《堂吉诃德》《吉尔·布拉斯》《格列佛游记》《奥斯特罗夫戏剧五种》《前夜·父与子》《莫里哀喜剧六种》《农民》《臣仆》《玛丽·巴顿》《福尔赛世家》《奥德修纪》《往事与随想》和《谁在俄罗斯能过好日子》；"外国文艺理论丛书"中的《歌德谈话录》和《拉奥孔》；"马克思主义文艺理论丛书"中的《高尔基论文学》《卢纳察尔斯基论文学》《拉法格论文学》和《蔡特金论文学》。其实，其中有些新译在"文革"前就已着手翻译，或者已经译出初稿，现在终于修订定稿，得以问世。

在启动"三套丛书"的同时，外文所又确定编辑一套"外国文学研究资料丛书"，汇编有关外国著名作家、作品、文学流派、文学思潮和文艺理论的专题资料，为我国的外国文学学科基础建设做贡献。在1979年最先出版的两种是《外国理论家作家论形象思维》和《莎士比亚评论汇编》。

其中的《外国理论家作家论形象思维》早在1966年初就已编成，出版工作因"文革"而耽搁。当时参加编选和翻译工作的有钱锺书、杨绛、柳鸣九、叶水夫和陈燊等专家。我拿到这本书后，马上想到我在大学时代也曾注意到国内关于形象思维的讨论，明白确立文艺创作的形象思维特性有利于防止文艺创作的公式化和概念化。然而，我在1966年读到《红旗》杂志上的文章《文艺领域里必须坚持马克思主义的认识论》，批判形象思维论，而且把形象思维论说成是"修正主义文艺思潮的认识论基础"，"反党、反马克思主义活动的理论武器"，令我十分困惑。当时我并不知道外文所专家已经编选和翻译这部资料，现在读到后，更加体会到这部资料的学术价值和分量。

这样，我国的外国文学研究进入了繁荣期，我们外文所也当之无愧成为我国外国文学研究领域中的重镇。

　　大约在 1979 年和 1980 年期间，为了适应社会需求，所里部分中青年研究人员自发组建班子，利用外文所语种多的优势，编写《外国名作家传》（三卷）和《外国文学作品提要》（四卷），出版后销量可观，堪称"畅销书"。这两套书各有四位主编，我也是《外国文学作品提要》的主编之一。然而，所领导召集我们开了一次会，冯至先生指出我们外文所的主要任务是提高，而不是普及。我们这样做，会影响所里正常的研究工作。我听了所领导的批评后，从此牢记外文所的办所方针是提高，也就是要以研究为主，撰写学术论文和专著，或翻译经典名著，做到"名著名译"。

## 与季羡林、金克木先生再续前缘

　　"文革"结束后，我们又经常去看望季羡林先生和金克木先生。季先生没有忘记在我们大学毕业时说过，一年后，我们可以再回北大进修，他愿意继续教我们。即使一晃过了 10 年，他仍想兑现诺言。他考虑到我们的巴利语只学了一年，想让我们再读点巴利语原典，巩固和提高一下。所以，他选了一部分《本生经》故事，让东语系打印成册，分发给我们。可是，那时大家在各自的单位都忙忙碌碌，一时还召集不起来。

　　我们去见金克木先生时，金先生迎面第一句话是"你们又

20 世纪 90 年代，黄宝生、郭良鋆与季羡林先生合影

来听我放毒啦！"他又恢复了"文革"前的神采，滔滔不绝与我们谈天说地。金先生一生都保持强烈的求知欲，他经常去学校图书馆看国外进口的新书和学术期刊。从他的口中，能听到最新的学术信息。

1976 年年底，我们所里参加编写《马克思恩格斯选集中的文学典故》的一位同事，向我说起恩格斯提到歌德的《神和舞妓》一诗，问我能否查到在印度古代文学中的出处。于是，我写信向季先生请教。1977 年年初，季先生给我写了回信。他说他也查不到原始出处，但他对印度古代的"舞妓"问题做了具体说明。

季先生在信中还谈到另一件事。因为我已经告诉他，人民文学出版社愿意出版他翻译的《罗摩衍那》。他在信中说："我的翻译完全是为了加深理解，原来并没有想到出版。现在'四人帮'打倒了，我们介绍外国文学也应该积极一点。像《罗摩衍那》这样印度家喻户晓的作品确实也有介绍的必要。如果人民文学出版社有意出版的话，我也可以勉为其难，把译文加工，加上注释，写上有批判性的导言。我本来想集中全力，搞一搞《印度佛教史》，年龄一大，总有鲁迅先生常说的那种情况：赶快干吧。当然，翻译《罗摩衍那》，其意义绝不下于《印度佛教史》。这样，我必须两箭齐发，我可以试一试。"先生最后还说："据我目前年龄的身体情况来看，再干上十年，也不过 70 多岁，再干上十六七年，也不过刚刚超过 80。这一点信心，我还是有的。"

在 1977 年下半年，季先生想离开北大，到我们外文所来工作。我把季先生的这个想法告诉了冯至先生。冯先生说我们当然欢迎，因为季先生在"文革"前，就一直兼任我们东方组的主任。我写信报告季先生这个消息，冯先生也亲自写信向季先生表示欢迎。而在年底时，季先生给我来信，信中说"由于种种原因，我不想再在北大工作了"，"但目前还有困难"，"估计党委不会放我走"，"所以这件事眼前还难以实现"。

另外，季先生在信中询问我有没有在念巴利文，他写道："巴利文你最近还念吗？我觉得巴利文《本生经》很有翻译的必要。此意我已经向人民文学出版社外编室提过。这些故事同鲁迅先生所喜欢的《百喻经》等是一类的东西，实际上是民间文学，里面有精华。我们不一定全译，可以从五百多篇故事中选译其优秀者，转巴为汉，估计会受到广大读者的欢迎。如果人民文学出版社同意的话，我们可以约几个人合译。开始时，我帮助你们熟悉一下巴利文，从梵巴对比的角度，讲几个故事，有这么点基础，你们就可以自己独立工作了。这工作不能立即就开始。《世界文学》编辑部的工作，你先要做好。此事先酝酿一下。"

确实，季先生发给我们巴利文《本生经》后，我忙于所里的工作，还没有阅读。然而，郭良鋆已经在阅读和翻译了。我看了她翻译的一些初稿，觉得这些故事很有趣。这样，我也开始抽空阅读和翻译。而其他同学忙于各自的事，都没有提起这事。季先生也看到现实情况有了变化，只能暂时搁下这事。而我和郭良鋆倒是坚持阅读和翻译着。我俩翻译《本生经》的兴趣越来越浓，决心按照季先生的设想，出版一个选译本。我与人民文学出版社编辑联系，他们表示愿意出版。我问选译本的字数多少合适，他们说 30 万字以内就可以。这样，我就找来巴利文原书，选定篇目。我是从文学角度选的，要求这个选译本不仅适应一般读者的需要，也适应民间文学和比较文学研究者的需要。此后，我俩就陆陆续续坚持译下去，直到 1982 年年底完稿。人民文学出版社于 1985 年出版，书名为《佛本生故事选》。出版后，确实如季先生当时信中所说，受到广大读者的欢迎。出版社还转给我们读者来信，希望我们译出全书。北大东语系的一些老师也向我们表示同样的想法。可是，后来工作

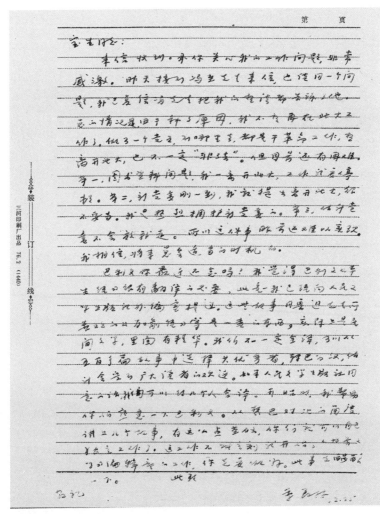

季羡林给黄宝生的信

接连不断，没有机会实现译出全书的心愿。

　　1978 年，季先生恢复东语系系主任职务。接着，季先生又被任命为北大副校长。同时，中国社科院与北大合办南亚研究所，季先生任所长，黄心川任副所长。这样，季先生希望我们在社科院工作的几个同学调到南亚所，在他身边工作。于是，历史所的蒋忠新和赵国华、哲学所的郭良鋆先后调到南亚所。季先生希望我也能去。我把季先生的意思报告了所领导，而所领导希望我留在外文所。后来，赵国华告诉我，季先生在所里说了，冯至先生亲自来北大找他，说明外文所工作需要，黄宝生不能调走。季先生表示冯先生其实不必亲自来，只要电话里告诉一声，他一定会照办。赵国华还告诉我，季先生说："黄宝生现在成了冯先生的掌上明珠，我们调不来了。"

而季先生始终关心他的这些学生的成长。在 1981 年年底，季先生召集我们以及他和金先生当时招收的几位硕士研究生，说是计划让我们每月聚会一次，交流研究情况。他说要了解学科研究的历史和现状。如果一个导师指导研究生写论文，论题是别人写过的，论文内容是重复的，这个教授也就当不成了。以后大家分工浏览国外印度学刊物，看看十多年来国外研究的情况，在聚会上交流。我们遵照季先生的要求做了。这样的聚会相当于国外所说的 seminar（研讨班），我们坚持了整整一年，这对我们开拓学术视野，选择研究课题，起到很好的作用。季先生在聚会中，也时常谈及治学方法，归纳起来，主要有以下四条：一，要掌握目录学，熟悉前人的研究成果，不要"炒冷饭"、重复劳动，学术研究要有新发现、新见解、新贡献。二，要养成看杂志的习惯，了解学科发展的新情况，不要孤陋寡闻，故步自封。三，要依据原文，依据第一手材料进行研究。四，要扩大读书面。鲁迅先生说过的"随便翻翻"很有用。有时候学术的灵感是在"随便翻翻"中获得的。

# 季羡林先生的糖史研究

1982 年年初的一天下午，在季先生那里听他说起《历史研究》第 1 期发表了他的文章《一张有关印度制糖法传入中国的敦煌残卷》。季先生送给我一本，并讲述他写这篇文章的缘起，还提到其中有个难字"挍"。他在这篇文章的后记中，说到偶读梁永昌《〈世说新语〉字词杂记》，文中提及"觉"和"较"有相差或差别的意思。因此，季先生认为"挍"是"较"的错别字。

这天下午我回家时，路过王府井新华书店，偶然买到蒋礼鸿的《敦煌变文字义通释》。回家吃晚饭后，我翻阅此书，发现有"教、交、校、较、效、觉"一条，这几个字是通假的，字义有二：一是"差，减"，二是"病愈"。于是，我又查阅《诗词曲语辞汇释》和新旧《辞海》。我在旧《辞海》中发现收有挍字条目：挍同校，钱大昕云："说文手部无挍字，汉碑木旁字多作手旁，此隶体之变，非别有挍字。"于是，我把这些情况写信告诉季先生。

没过几天，我收到季先生来信。信中说："你提的线索很重要。我昨天进城到宗教所去，顺便到王府井新华书店想买一本

《敦煌变文字义通释》，售货员居然不知此书。请你费心替我买一本，交郭良鋆带给我。"于是，我再去王府井新华书店，此书确已售完。我又跑了几家新华书店，琉璃厂也去了，都无此书。这样，我就将我手头的这本，让郭良鋆带去，送给季先生。

随后，季先生又写了《对〈一张有关印度制糖法传入中国的敦煌残卷〉一文的补充》。文中提到我告诉他《敦煌变文字义通释》中的这条材料，由此说明"挍"并非错别字，也是通假字。同时，季先生又从多部汉译佛经中找到这个"挍"字与"较"字通用的例子，证明这一点。

而令我惊叹的是，因为中印文化交流史是季先生主攻的学术方向之一，他从此抓住制糖法这个问题不放，于1983年和1987年先后写了两篇文章。他认为印度最早制造出砂糖，后来，中国又提高制糖术，将紫砂糖净化为白糖。他在晚年，用了数年时间，查遍中国古代各种文献资料和国外有关书籍，在1996年（85岁）完成近80万字的皇皇巨著《糖史》。他在此书的引言中明确表示："我的一个小小的希望就是通过我这一本《糖史》，把一个视而不见的历史事实揭露给大家，让大家清醒地意识到，在像糖这样一个微不足道的日用食品的背后，居然还隐藏着一部文化交流史。"而"文化交流是人类进步的主要动力之一。人类必须互相学习，取长补短，才能不断前进，而人类的最终目标必然是某一种形式的大同之域"。

# 研究与翻译齐头并进

外文所的研究工作开展起来后，需要有发表论文的园地，文学所的刊物《文学评论》主要发表中国文学研究论文。于是，所里于 1979 年创办不定期出版的《外国文学研究集刊》，我也参加编辑组的工作。《集刊》主要发表所内研究人员的成果，也吸收少量外稿。

在 1981 年，我写了两篇论文。第一篇是《论迦梨陀娑的〈云使〉》。迦梨陀娑的《云使》是一部抒情长诗，古典梵语的典范作品。我首先对照金克木先生的译本，精读梵语原文。一方面认真鉴赏迦梨陀娑的诗歌语言艺术，另一方面努力学习金先生的翻译艺术。同时，阅读国内外，尤其是印度学者研究迦梨陀娑的论著，了解前人的研究成果。我的这篇论文有两个重点，一个重点是仔细分析作品的思想内容和艺术成就，阐明"这部抒情长诗除了有强烈的感情、丰富的想象、形象的语言、和谐的韵律，还具备当时历史条件下的进步思想。思想是诗歌的灵魂。只有表达了人世间大多数人的心声的诗歌才会无翼而飞，不胫而走。《云使》能成为众口交誉的传世之作，绝不是偶然的。它达到了内容和形式的完美统一。它的成功奥秘也是世界上一切优秀诗歌成功的奥秘"。

另一个重点是针对印度学术界一个比较流行的看法，认为《云使》在中国古代诗人徐干的诗句"浮云何洋洋，愿因通我词"（《室思》）以及牛郎织女传说中得到反响，由此可以为迦梨

陀娑出生年代提供证据。因为《云使》的主题是描写一位被贬
谪南方苦行林的药叉在雨季到来时，委托由南往北飘游的雨云
向远方的爱人传情。因此，印度学者见到中国古代诗人徐干这
行诗句会产生这样的联想。我引证中国古代诗歌中许多描写云
的诗句，说明中印两国地理气候的差异，故而中印古代诗人对
云的审美情感有所不同。中国古人一般认为云彩轻浮，不适宜
作为传情的信使，徐干的《室思》这首诗正是表达这样的想法。
而有许多古代诗歌可以证明，中国古人更愿意选择风、月、光
和鸟禽作为传情的信使。因此，中印古代诗歌中，主题和意境
常常不约而同，而在形象表现方式上具有各自鲜明的民族特色。
这也是各民族的优秀作品能在世界上获得流传的重要原因。

　　第二篇是《〈本生经〉浅论》。因为当时我和郭良鋆正在合
译《本生经》，对全书内容比较熟悉，同时我也读了一些国外
研究《本生经》的论著，并广泛阅读中外寓言故事集。这篇论
文第一部分论述《本生经》的成书年代和故事结构形式，并与
印度古代著名寓言故事集《五卷书》做比较，说明这些佛经故
事实际上是长期流传于民间的寓言故事，佛教徒只是采集它们，
按照固定的格式，指出故事中的正面角色是佛陀释迦牟尼的前
身，便形成佛本生故事。第二部分论述《本生经》的艺术特点，
并指出它在艺术上的最主要贡献是提供了小说的雏形。而这类
佛经故事传入中国后，对中国古代叙事文学的发展产生积极的
影响。第三部分将《本生经》故事与西方和中国的民间故事进
行比较，指出许多情节和寓意相同或类似的故事，说明各民族

文学互相影响是世界文学史上的普遍现象。

这两篇论文发表在 1982 年的《外国文学研究集刊》第 4 辑和第 5 辑，是我最早发表的两篇专业论文。

当时，国家实行改革开放政策，对外学术交流也开始频繁进行。社科院也与国外的大学和研究机构订立了交流计划。1981 年，所领导有意派我去英国进修。我填写了表格，检查了身体，也请季先生和金先生写了推荐信。但我犹豫不决，考虑再三，最后还是放弃了这个机会。因为我的英语虽然能够阅读和翻译，但听和说的能力不行，在中学和大学学英语的过程中，没有受过这方面的训练。所以，我怕去了英国，不能适应学习生活，或者需要经过较长时间才能适应。而我年龄已接近 40 岁，不再是二三十岁的青年。我的学术研究刚起步，有大量的工作等着我去做。现在要获得国外的资料和研究著作也不困难，通过外文书店就能订购。这些年来，我每年从北京图书馆东编室获得印度出版社的书目，为所里图书室订购梵语文学和印度学书籍，因此，我没有资料短缺的感觉。而且，我觉得自己需要进修提高的方面不单是梵语文学，还有中国古典修养。外国文学研究老一辈有成就的专家都具有深厚的中文功底，而新一代的外国文学工作者似乎对此还缺乏足够认识。我若有时间，还愿意多读一些中国古典文献，所以，我就根据自己的实际情况，做出这样的决定。

在"文革"之后的这个时期中，党中央已经确立正确的方针路线，改革开放，建设中国特色社会主义，国内各项事业欣欣向荣。在时代精神感召下，我也提出了入党申请。1981年，经党支部讨论通过，我加入了党组织。

1982年，东方室因为人员扩大，分为两个室。我担任南亚西亚非洲室主任，副主任是从事阿拉伯文学研究的郅溥浩。当时，室内多数研究人员主要从事作品翻译，编写相关国家文学动态，或写一些介绍性的文章，都还没有正式发表研究论文。我按照所里的要求，鼓励大家写论文。我既是室主任，也是《集刊》的编辑组成员，因此，两个东方室的研究人员写了论文，我都审读，提供修改意见，完稿后，我还负责编辑加工。这样，两个东方室的研究人员也陆续开始在《集刊》上发表论文。所里的学术委员会也肯定两个东方室在这些年中取得的进步。

虽然我强调写论文，而考虑到国内东方文学人才较少，也认为可以兼顾东方文学名著的翻译，但是，一定不能忽视研究工作。而且，研究和写作能力强，也能提高文学翻译的质量。当时，人民文学出版社编辑各国短篇小说选，我与周志宽和倪培耕应约，与出版社一位老编辑冯金辛合作，编选和翻译了《印度短篇小说选》，于1983年出版。

## 印度古代文学研究

大约在1983年，季羡林先生开始招收博士研究生。我当时想跟随季先生读博士，季先生也同意。我向所领导提出这个想法，所领导回答我说，可以跟季先生读博士，但不能脱离外文所，可以读在职博士。季先生也表示同意，叫我去北大报名。而我到了北大报名处，工作人员对我说，北大不招收在职博士，要读博士，必须脱离原单位，说话的口气十分坚决，没有商量余地。于是，我把这个情况报告季先生，表示我不想违背所里的决定，只能不读博士了。其实，真要叫我脱离外文所，我也是舍不得的。

1983 年，季羡林先生主持国家社科项目《印度文学史》，由北大东语系和我们外文所从事印度文学研究的人员合作编写。按照计划，这是一部从古至今的印度文学通史，其中梵语文学部分，季先生说他只写《罗摩衍那》一章，其余各章都由我写。因为季先生刚完成《罗摩衍那》的翻译，并撰有《罗摩衍那初探》一书。我联想到参加大百科外国文学卷工作时，季先生也是只承担他做过专门研究的那些条目。而我对梵语文学的研究刚起步，虽然对梵语文学的概况有所了解，但对许多重要作家和作品尚未深入研究，因此还不适宜承担写文学史的任务。而金克木先生已经写过《梵语文学史》，出版于 1964 年。当时，我想了个办法，去找金先生，对他说我可以为他代笔，按照这部文学史设计的字数，将《梵语文学史》稍加改编，纳入这部文学史。然而，金先生不同意，他说你们还是自己写吧。

这样，我只能接受这个写作任务。撰写的主要方法是总结前人的研究成果，尤其是注意吸收国外学者的最新研究成果。我利用所内图书室现有的图书资料，也抓紧订购需要参考的书籍。因此，我撰写文学史的资料是比较充裕的。我参考的国外著作有温特尼茨的《印度文学史》，其内容主要是古代文学：第一卷是吠陀和两大史诗，第二卷是佛教和耆那教文学，第三卷是古典梵语文学。还有印度学者的三种《梵语文学史》和两种《梵语诗学史》、渥德尔的《古典梵语文学史》（前三卷），以及各种作家和作品研究著作。关于梵语文学的历史和社会文化背景，主要参考印度学者马宗达主编的《印度人民的历史和文化》（前五卷）。

　　我于1986年下半年按时完成承担的20多万字的写作任务。等到上册古代部分的稿子齐全后，我又负责统稿工作。由于种种原因，下册现代部分迟迟没有完稿，季先生决定先出版上册，定名为《印度古代文学史》，北京大学出版社于1991年出版了这部著作。

　　就在1986年，中国大百科全书出版社计划编辑出版《百科文库》。他们约我写一册《印度古代文学》，字数12万左右。我承担《印度古代文学史》的写作任务已接近尾声，因此，我主要依据现有的初稿进行缩编和文字加工，很快就完成了任务。而不知什么原因，出版社又撤销了《百科文库》的计划，因为我已经交稿，所以，他们单独给我出版了《印度古代文学》一书。

　　通过这次参加编写《印度古代文学史》工作，我对梵语文学的发展历史进行了一次系统深入的梳理，加固了自己的梵学根基，这对我此后从事梵语文学翻译和研究，在选题上有很大帮助。而且在具体作家和作品研究中，多少能具备宏观的视野，瞻前顾后，以历史发展的眼光予以考察。

　　在参加编写工作的过程中，我有时抓住灵感，对某些文学现象进行深入研究，先后撰写和发表了3篇论文。第一篇论文是《胜天的〈牧童歌〉》。《牧童歌》是12世纪的胜天创作的一部梵语抒情长诗，后来成为印度毗湿奴教的"圣歌"。这篇论文介绍了《牧童歌》的思想内容和艺术特点，并联系《圣经·旧约》中的《雅歌》和中国《诗经·国风》中的情歌，探讨世界文学史上"情歌变成圣歌"的现象。同时，指出中国古代有卫道者主张删除《诗经》中的"淫诗"，犹太教历史上也有卫道者主张删除《圣经》中的《雅歌》。然而，在印度，倒不存在这种"删诗"问题，因为艳情诗在梵语诗歌中占有很大比重，即使描写大神的诗歌也不忌讳艳情描写。在这一点上，印度文化传统与犹太教、基督教和中国儒家文化传统显然有所差异。这篇论文发表在1984年《印度文学研究集刊》第1辑。

　　第二篇论文是《古印度故事的框架结构》。印度古代文化产生过重大世界影响的主要是佛教和寓言故事。寓言故事产生的世界影响包括故事母题和故事结构两个方面。该文主要探讨古印度故事的框架结构问题。第一部分论述古印度故事框架结构及其来源，指出这种大故事里套小故事的结构是印度古代故事集的普遍现象，导源于印度两大史诗的叙事结构。第二部分阐明这种故事框架结构成为印度古代长篇小说产生的"捷径"，故而印度成为世界上长篇小说产生较早的国家。第三部分论述古印度故事框架结构对世界故事文学的影响，最明显的例子是阿拉伯故事集《一千零一夜》。这篇论文发表在1984年《外国文学研究集刊》第8辑。

第三篇论文是《印度古代神话发达的原因》。综观世界各民族古代神话文献，印度堪称是最丰富的。但印度古代神话发达的原因是什么？我读了鲁迅和茅盾以及国内其他学者著作中有关中国古代神话的论述，基本上认为中国古代神话不发达的原因主要有两点：一是中国古代儒家思想占统治地位，而儒家始祖孔子"不语怪力乱神"，造成对神话的轻视；二是中国古代史学发达，造成神话的历史化。而饶有趣味的是，中国古代神话不发达的原因，恰恰从反面说明了印度古代神话发达的原因，即印度古代宗教发达和史学落后。论文先对中国和印度这两方面的情况做了对比论述，然后，我提出还有与上述两个原因相关的另一个原因，即印度古代书写材料落后。印度古代的书写材料主要是桦树皮和贝叶（即棕榈树叶），不宜长期保存，因此，印度古代长期保持远古时代口耳相传的文化传承方式。而中国古代的书写材料主要是布帛竹简，而且较早发明纸张，因此，中国古代长期保持书面文字的传承方式。这样，口耳相传的传承方式有利于神话发展，而书面文字的传承方式有利于史学发展，这是历史的必然。这篇论文发表在1985年《外国文学研究集刊》第10辑。

在此期间，郭良鋆决定前往斯里兰卡进修巴利语。此前，按照出国进修规定，由季羡林先生出题，考试巴利语。季先生看了郭良鋆完成的试卷，表示很满意，他说："我还以为你们这么些年，已经把巴利语忘了。"其实，郭良鋆这些年与我合译《本生经》，巴利语不但没有忘，而且更熟练了。她出国前，金克木先生指点她说："你到斯里兰卡后，可以跟随老师学《经集》。"《经集》是巴利语三藏中一部重要经典，金先生的指点真是到位，否则，她一时还不知道到了斯里兰卡进修从哪里入手。金先生还将自己收藏的几本巴利语经藏经典送给她，并嘱咐她到了斯里兰卡，一定要注意保证身体营养，不要考虑省钱。

　　郭良鋆于1983年前往斯里兰卡，在佩伦德尼耶大学进修了两年。按照她的要求，大学专派一位女教授指导她读《经集》，一句一句精读。这位女教授一开始看到这位中国女学生能说出句中的语法形态，也是惊讶的。这样，郭良鋆在精读的基础上，将原文译成中文，跟随这位女教授读完这部《经集》，也就产生了一个初稿。回国后，经过加工，于1990年由中国社会科学出版社出版。

　　1985年，郭良鋆在斯里兰卡完成进修回国。1986年初，季羡林先生请她接替蒋忠新，担任北大东语系梵文班教学任务。蒋忠新是我们老同学，当时在班上梵文学习成绩名列前茅。"文革"后，季先生和金先生招收第一批硕士研究生时，季先生就聘请他给研究生班上梵文课。1984年，东语系招收梵文班本科生，仍请他教梵文。然而，他的身体状况欠佳，教了一年半，觉得身体坚持不了，于是，季先生请郭良鋆接替他。季先生在

黄宝生与郭良鋆

给郭良鋆的信中说，蒋忠新"最近身体已经到了相当令人担忧的程度，势难继续担任下去"。"能代替忠新担任讲授梵文的，目前从各方面的条件来看，以你最为理想"。"教学相长，对你自己的研究工作，也许还会有许多好处的。这批学生到了高年级，如果再开巴利文的课，仍然恐怕又麻烦你。"对季先生托付的事，郭良鋆当然会照办。她坚持教完了这一届梵文班。其间，我遵照季先生的安排，也为这届梵文班讲了一学期的梵语文学史。

## 科研工作中应该注意的几个问题

1985 年，外文所领导班子换届。外文所成立于 1964 年，冯至先生担任所长，直至 1982 年卸任。1982 ～ 1985 年，叶水夫担任所长。叶水夫是苏联文学专家，以翻译《青年近卫军》著称，主编《苏联文学史》（三卷）。这一次换届，张羽担任所长，马文卿担任行政副所长。马文卿找我谈话，说是领导上决定让我也担任副所长。当时我毫无思想准备，但经过一番考虑后，还是同意了。主要因为我对外文所怀有深厚感情，多年来一直得到所领导的关心、爱护和培养，业务上也得到所内许多年长同事的支持和帮助，所以我愿意，也应该为外文所效力。

我作为副所长，分管所内科研和《集刊》工作。科研工作的指导思想是贯彻冯至先生确立的办所方针，以研究为主，以提高为主，出成果，出人才。这样，我必须关注全所各个研究室的科研工作，制定研究计划，了解计划执行情况，考察研究成果，工作担子是比较重的。但我既然担任了副所长，就一定要尽力把工作做好。而且，我也不能放松自己的业务，而是要以身作则，在科研工作中起带头作用。

我手头还保留了一份讲话稿，是我在全所大会上做的1986年工作总结报告。其中，详细汇报了所内国家重点项目和各研究室研究项目的完成情况，以及《世界文学》、图书室和科研处的工作成绩。同时，布置了全所1987年的科研计划。最后，我还提出在科研工作中应该注意的几个问题。这里可以摘录一些。

凡是参加了国家项目，就一定要把国家项目放在优先完成的第一位，按时保质保量完成，而不能因为自己的小计划拖累国家项目。

写作论文要注重质量。对每个研究课题要占有尽量多的第一手原始资料，了解尽量多的前人研究成果，在此基础上，提出有材料依据、有说服力的创造性见解。而且，在论文的结构和文字表达方面也要多下一些功夫。

从《集刊》近来收到的稿子看，论文有越写越长的趋势。论文的质量评价自然与长和短无关。长的稿子，只要有内容，有质量，哪怕三四万字，甚至四五万字，也是应该采用的。而问题是有些长稿子，显然里面水分不少，如较多的一般性叙述，平平淡淡的分析，可有可无的句子和段落，或尽人皆知的文学常识。如果能做一番认真的删节和压缩，只会使文章更精练，更出色。鲁迅先生《答北斗杂志社问》中有一段名言，虽然是谈论文学创作，但对论文写作也适用。他说："写完后，至少看两遍，竭力将可有可无的字、句、段删去，毫不可惜。宁可将可作小说的材料缩成 sketch，决不将 sketch 材料拉成小说。"论文主要靠新鲜的材料、精辟的分析和独到的见解取胜，而不靠字数取胜。在这方面，我们可以认真读读钱锺书先生的《旧文四篇》或《七缀集》，以及其他前辈学者的优秀论文。古人说："取法于上，仅得其中；取法于中，不免为下。"因此，我们应该自觉地"取法于上"。

我们所的《外国文学评论》（季刊）即将创刊，此前我们拜访过钱锺书先生，征求意见，他提到"一般介绍作家生平和主要作品这样的文章，百科全书都能查到的东西，就不必多写了"。还提到"论文尽量写得短一些，不要动不动就是两三万字，几万字，一般要求不超过一万字"。这意思就是论文重在质量，要有创造性。

在研究工作中，要努力运用马克思主义的立场、观点和方法。而随着时代的发展，马克思主义也需要丰富和发展。因此，我们也要善于吸收 20 世纪以来产生的各种文艺批评方法中的合理成分，以丰富和发展马克思主义文艺批评体系。在学术研究中，出现观点和意见分歧，也是正常的，这要求我们坚决贯彻"双百"方针。学术中的是非只能通过学术讨论的方式解决，也要靠实践检验。学术争鸣的精神是可贵的，也是学者学术生命力的表现。我们所的《外国文学评论》今后也要体现这种精神。

## 有待开发的梵语诗学宝库

我在 1986 年完成《印度古代文学史》的编写任务。从 1987 年开始，我承担院重点项目《印度古典诗学》。在中国，向学术界介绍梵语文学理论的先驱者是金克木先生。早在 1965 年，他就为我们外文所编辑的《古典文学理论译丛》（第 10 辑）选译了三种梵语诗学名著（《舞论》、《诗镜》和《文镜》）的重要章节。后来，他又增译了两种梵语诗学名著（《韵光》和《诗光》）的重要章节，合成单行本《印度古文艺理论文选》，作为"外国文艺理论丛书"之一，于 1980 年由人民文学出版社出版。金先生在译本序中指出，他的选译"可以算是'管中窥豹'，不过见其一斑，也许可以借此了解印度文化传统的一角，并同我国古代的文学批评理论略作对照"。正是这五篇译文让中国学术界得以初步认识印度古代文艺理论的风貌。万事开头难，金先生在这五篇译文中确定了梵语诗学一些基本术语的译名，并在引言中介绍了梵语诗学的一些基本著作及其批评原理，为梵语诗学研究指点了门径。

而我在撰写《印度古代文学史》中"梵语文学理论"一章时，真切地体会到这确实是一个有待开发的诗学宝库。因此，从那时开始，我就注意收集和订购这方面的图书。在资料基本齐备的基础上，我决定撰写专著《印度古典诗学》。我先用了两年时间认真阅读梵语诗学原著以及印度学者撰写的各种梵语诗学研究著作，做了大量的读书笔记，并译出许多需要引用的梵语诗学原始资料。然后，又用两年时间完成了全书的撰写工作。这部著作依据丰富的原始资料，描述了印度古典诗学的源流、体系和结构，对它在印度文化背景中形成的种种独特的批评原则、概念和术语做了认真的阐释。

全书分为上编梵语戏剧学和下编梵语诗学。戏剧是一种综合艺术，包括语言、化装、表演、音乐和舞蹈等。因此，戏剧学可以分为剧作法和舞台艺术两大部分。通常的诗学或文学理论只涉及剧作法（即戏剧文学），不可能完全容纳戏剧学。亚里士多德的《诗学》主要论述悲剧和史诗，着眼点是文学创作原理。而印度的第一部文艺理论著作《舞论》（也可译为《戏剧论》）既论述剧作法，也论述舞台艺术，是一部名副其实的戏剧学著作。这样，在上编梵语戏剧学中，分章论述梵语戏剧创作的核心理论味和情、戏剧分类、情节、角色、语言、风格以及包括化装、表演、音乐和舞蹈在内的舞台艺术。下编梵语诗学依照诗学的历史发展脉络，分章论述庄严论、风格论、味论、韵论、曲语论、推论论、合适论和诗人学。此书收入北京大学出版社的"文艺美学丛书"，出版于 1993 年，受到国内从事相关领域研究的学者们的欢迎，后来又重印过两次。

这部著作原定书名是《印度古代文学理论》。在写作过程中，曾想改称《梵语文学理论》或《梵语戏剧学和诗学》，最后定名为《印度古典诗学》。虽然这些书名都可以用作本书书名，但仔细推敲，其中仍有细致的差别。通常所谓的印度古代文学理论，乃至印度文学理论，主要是指梵语文学理论，正如在国外学者心目中，中国文学理论主要是指中国古代文学理论。而实际情况是，印度文学史分为吠陀时期、史诗时期、古典梵语文学时期、中世纪时期和现代时期。梵语文学理论属于古典梵语文学时期。若是称为"印度古代文学理论"则应包括中世纪印度各语种的文学理论。因此，标上"古典"一词能指明梵语文学理论的历史时期。

那么，诗学与文学理论有什么区别？它们与戏剧学的关系如何？在世界范围内，诗学（Poetics）这一名称起源于亚里士多德的《诗学》，后来成为欧洲学术史上文学理论的通称。而在现代，诗学已改称为文学理论（Literary Theory）或文学批评（Criticism）。按说，文学理论和文学批评是有区别的，前者侧重于文学原理、原则或规律，后者侧重于文学考证、鉴赏或评论。但长期以来，这两个概念常常混用。与此相关的另一组术语是文艺理论、文艺批评或文艺学。"文艺"一词可做两解：一是文学的艺术，二是文学和艺术，现在流行的是后一解。

这样，文艺理论研究的对象应该包括文学、戏剧、音乐、舞蹈、绘画、雕塑、建筑和工艺美术等。而在实际运用中，常有以大称小的现象，名为文艺理论，实为文学理论。

亚里士多德的《诗学》主要论述悲剧和史诗。而梵语文学理论中使用的"诗"（kāvya）这个词是指广义的文学，因此，它包括诗歌理论和戏剧理论，与亚里士多德的诗学概念一致。综合以上考虑，将梵语文学理论称为"印度古典诗学"能比较准确地表明它的时代和本质特征。

这部著作虽说有填补国内梵学研究中的学术空白的意义，但我决定从事这项研究也有现实的动因。当时国内文学理论界出现比较文学热潮，并倡导建立比较文学的中国学派，强调打破"欧洲文化中心论"，将广大的东方纳入比较文学视野，努力开展东西方文学比较和诗学比较。1985年，我应《世界文学》之约，还写过一篇《建立比较文学的中国学派》的文章。这当然是美好的学术愿望。可是，在国内，东方诗学研究一向是薄弱环节，所以，我发愿写这部印度古典诗学著作，也是为中国的比较诗学提供一些资源。

《外国文学评论》1990年第2期，发表了我的《印度戏剧的起源》一文。这是我从《印度古典诗学》中先已完成的梵语戏剧学部分抽出的一章。这篇论文先介绍西方和印度学者对印度戏剧起源的各种看法，然后，我主要运用汉译佛经中的材料，加以考察。依据佛经中涉及表演艺术的具体描述，可以大致判断它们属于"戏笑"表演（相当于中国古代的"俳优"）或戏剧表演。中国古代戏剧的成型晚于印度，因此，汉译佛经中常用"歌舞伎乐"或"歌舞俳谑"笼统对译"戏笑"表演或"戏剧"表演。然而，其中采取音译"那吒迦"（nāṭaka）者，则明确指戏剧。因为中国古代当时没有印度那样的戏剧形式，因此，只能采取音译。我最后得出的初步结论是：古希腊戏剧起源于雅典时代酒神祭祀合唱队中的"答话"演员，成型于埃斯库罗斯的悲剧。中国戏剧起源于先秦时代的"俳优"，成型于唐代的戏剧（以"参军戏"为标志）。印度戏剧起源于波你尼时代的"戏笑"艺人，而它的成型时间还难以确指，只能说大约在公元前一二世纪，或更宽泛一些，大约在公元前后一二世纪。

## "说不尽的钱锺书"

在写作《印度古典诗学》期间，我撰写和发表过几篇论文。其中一篇是《〈管锥编〉与佛经》。钱先生的《管锥编》（全四册）于 1979 年 8 月至 10 月出全。这部学术巨著在中国学术界产生了强大的震撼力，第一版印刷了 1 万多套，很快就销售一空。而对于我们这一代人文古典学养大多先天不足的青年人来说，要读通这部著作也不是容易的。我曾经向钱先生表示："要读通你的这部著作，先要读过许多书垫底。"虽然阅读的难度不小，但我不愿放过这个天赐的学习机会。我认真地将《管锥编》

通读了一遍。在阅读过程中，着重领会钱先生的研究方法。此后，我也经常翻阅这部著作，尤其引起我兴趣的是钱先生引用了不少佛经材料。1987 年，我想到可以仔细梳理一下钱先生在这部著作中是怎样运用佛经材料的，于是，就以《〈管锥编〉与佛经》为题写了这篇读书札记。

我在文中指出"《管锥编》立足于中国十部古籍，以文艺学为中心，打破时空界限，贯通各门学科，将中国文化研究引入一个充满无限生机的崭新境界"。《管锥编》研究的范围极广，几乎涉及人文科学的所有门类，内容博大，识见精深。鉴于这种情况，读者完全可以根据自己的学力或学术兴趣去读《管锥编》。我这次便是选取比较文学的角度。比较文学在《管锥编》中无疑占据重要地位，但远不是它的全部。而在比较文学中，我又偏重考察钱先生对佛经材料的运用。

早在中国比较诗学开山作《谈艺录》（1948）的序中，钱先生就已揭示他的文学研究宗旨和方法："东海西海，心理攸同；南学北学，道术未裂。""凡所考论，颇采'二西'之书，以供三隅之反。"钱先生所说的"二西"之书指的是耶稣之"西"和释迦之"西"，也就是西方著作和佛经。而从《谈艺录》和《管锥编》可以看出，钱先生对"二西"之书浏览之广博，读法之精细，令人惊叹不已。

比较文学这门学科行世百余年来，其研究格式大致可以分为三类：影响研究、平行研究和科际研究，这三类研究在《管锥编》中都有充实的反映。我便以实例分别说明钱先生在这三类研究中如何运用佛经材料，最后，说明我从这三方面分述《管锥编》中与佛经有关的比较文学，也是出于释氏所谓的"权巧方便"。其实，《管锥编》中的比较文学，这三方面经常是互相交叉融合的。钱先生学识渊博，繁征广引，左右逢源，触类旁通。他不仅打通东西方文学，打通人文学科，也打通比较文学自身。其根本目的是通过广泛、深入而不拘一格的具体比较，探索人类共同的"文心"，建立科学的文学批评。

这篇文章发表在《外国文学评论》1988年第1期。钱先生读到后，在托人捎给我的一封信中，对我的这篇文章做了肯定。信中写道："弟之苦心，为兄明眼人拈出，如弹琴者遇知音人矣！"当然，我知道这是钱先生的行文风格，是对晚辈的勉励，我不敢沾沾自喜，忘乎所以。

我对钱锺书先生始终怀抱敬仰的心情。"文革"前读到他的《宋诗选注》。"文革"后读到他的《旧文四篇》《七缀集》《围城》和《管锥编》。我一心想读遍钱先生的著作。这里可以顺便提及我此前与钱先生另一次通信。那是在1984年夏天，医生诊断我得了甲状腺瘤，要我住院开刀摘除，说可能是良性，但要等摘除后进行切片检验确证。这样，我听从医生安排，住院动了手术，最后检验的结果是良性。我本人和关心我的同事们都松了口气。出院后，董衡巽告诉我说，钱先生和杨先生也很挂念我，打听我的情况。于是，我给他们写了封信报平安，信中也提及我想读《谈艺录》，到中国科学院图书馆去借阅，却已被别人借走。还有，新印的《写在人生边上》，书店也已售完。随后，我收到钱先生托人捎来的亲笔回信，是用毛笔书写的。信中写道："顷得来函，欣悉奏刀后霍然病除，吉人天相，才子天佑，可喜可贺。"信中还附有一册《写在人生边上》新印本，说这是他"欲以自存"的一册，送给我。他还幽默地说："《围城》将第四次重印，想系最近智力测验中考题之故。"他告诉我《谈艺录》增订本即将出版，到时候也会送我一册。这可以说是我出院后收到的一份宝贵的礼物。

钱锺书先生是中国 20 世纪的一位学术大师。他既从事文学创作（包括小说、散文和诗歌），也从事文艺学和人文学术研究，在每个领域都取得非凡的成就。20 世纪是东西方文化交流越来越频繁，也越来越便捷的时代。钱先生得时代风气之先，凭借他的天赋和勤奋，既精通中学，又掌握多种外语，精通西学。他对东西方文化典籍熟悉的程度，令人叹为观止，也令人诧异一个人的大脑究竟能容纳和记忆多少知识，有没有极限。无论如何，应该说钱先生是东西方文化传统共同孕育和造就的一位文化学术通才。

中国现代自"五四"以来，在关于东西方文化的讨论中，占主流的似乎始终是二元对立的看法，这或许是世界的普遍现象。其实，我们既要看到各民族之间文化形态的差异，也要看到其中的相通之处以及文化交流中的互补。如果将东西方文化的差异绝对化，乃至像当代西方政治理论家那样鼓吹"文明冲突论"，对我们这个世界的危害会有多大？因此，我认为钱先生在文化学术研究中，"打通"古今中外，"打通"东西方文化，这种研究方法尤其值得我们重视和发扬。它更符合世界文明的实际，更有利于人类文化的交流和融合。

从钱先生的文学创作和学术研究中可以看出，他始终关注世界和人类，关注社会和人生，绝非是一个躲进象牙塔的学究。即使你认为他看待社会和人生的目光冷峻，那也说明他是一位真正的智者。他能深刻揭示社会和人性中根深蒂固的病症，提供的是苦口的良药。

钱先生的《谈艺录》和《管锥编》都采用札记文体形式，这会引起一些人产生钱先生擅长考证而缺少理论的错觉。其实，只要认真读过这两部著作，就会认识到钱先生的学术研究充分体现宏观和微观的结合，理论和实际的结合。因为脱离微观的研究，宏观的视野就会流于空疏。而缺乏宏观的视野，微观的研究就会流于琐屑。理论和实际也是这样一种辩证关系。钱先生的学术研究始终保持两者的紧密结合，他所展现的微观研究的精细和宏观视野的广阔以及融会贯通而达到的理论深度是令人钦佩的。

钱锺书先生为我们留下了博大精深的学术和思想遗产，他是 20 世纪中国学术的光荣和骄傲。近二三十年来，对钱先生的学术和思想的研究还是初步的。就我自己的阅读经验而言，随着知识学养的积累和人生阅历的丰富，每读一次钱先生的著作就会有新的发现和体会。而且，除了此前已出版的钱先生的著作外，他的大量的中文和外文读书笔记也已由商务印书馆影印出版。因此，正如文艺批评中"说不尽的莎士比亚"，在中国

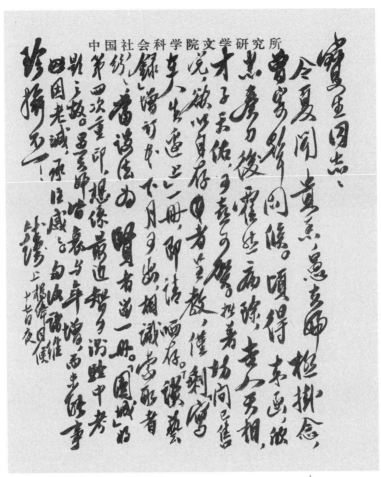

1984年钱锺书先生给黄宝生的信

的现代学术研究中，同样会形成"说不尽的钱锺书"。钱先生的学术和思想遗产必定会滋养一代又一代学人，显示它的强大生命力。

# 梵语诗学和西方文论

　　我在写作《印度古典诗学》的过程中，因为自己过去读过许多西方文艺理论著作，常常会引起联想。于是，我将这些联想认真梳理和排比，写了《印度古典诗学和西方现代文论》一文。论文第一部分论述"庄严·曲语·奇特化"。在印度古典诗学中，"庄严"指词音和词义的修辞方式。"曲语"指包括修辞在内的语言的曲折表达方式，并认为这是诗的本质。这方面与亚里士多德的修辞学相通。亚里士多德也认为"诗歌语言应该具有一种独特性，惊奇性"。而俄国形式主义将诗歌语言的特点概括为"奇特化"，并将此作为他们"在诗学基本问题上研究工作的出发点"。同时，这些观点也与德国布莱希特的"陌生化"理论相通。第二部分论述"味·感情·普遍化"。味论是梵语戏剧学的核心理论。所谓"味"是指戏剧中有关各种情的语言、形体和心理表演产生的感情效应，即观众在观剧时体验到的审美快乐。感情是艺术的要素。梵语戏剧学的味论也被梵语诗学家普遍运用于诗歌理论。后来，梵语诗学家新护对味论做出深刻阐释，认为味是普遍化的知觉或感情。这种味永远是快乐的，因为它是一种超越世俗束缚的精神体验。现代文艺符号学家苏珊·朗格就称赞印度古代批评家"对戏剧感情各方面的理解"，"远远超过其西方的同行"。她给艺术下的定义是："艺术是人类情感的符号形式的创造。"她也强调艺术符号形式是表现人类的普遍感情。艾略特诗学中的"客观关联物"和

"非个性化"也与味论相通。味论中论及的心理潜印象也与现代心理学中的无意识相通。无意识有弗洛伊德的个体无意识和荣格的集体无意识之分。而味论的观点更接近荣格的集体无意识。荣格认为集体无意识或原型是伟大的艺术奥秘所在。第三部分论述"韵·暗示·象征"。梵语诗学认为韵是诗的灵魂。所谓"韵"是指诗歌语言的暗示功能。梵语诗学著作《韵光》中，从暗示的内容和暗示的因素两个角度对"韵"做了广泛的探讨和细致的分类，并以"韵"为标准，将诗分成上品、中品和下品三类。钱锺书先生在《管锥编》中论及中国诗学"神韵说"时，就已联系梵语诗学的"韵论"。他在《谈艺录》中也指出法国神父白瑞蒙的《诗醇》"贵文外有独绝之旨，诗中蕴难传之妙，由声音以求空际之韵，甘回之味。……五十年来，法国诗流若魏尔伦、马拉美以及瓦勒利辈谈艺主张，得此为一总结"。此外，爱尔兰诗人叶芝的象征主义理论与马拉美一脉相承。柏格森的直觉主义美学观点中，也强调艺术中的感情是暗示的，与"韵论"相通。论文最后，我指出"必须高度重视东西古今文学及其理论中相通的成分。因为超越时空而相通的成分往往是文学理论的最可靠依据，代表着人类文学的共同规律和基本原理"。这篇论文发表在《外国文学评论》1991年第1期。

在1990年，我曾向院领导提出请求辞去副所长的职务。我在担任了一届（1985～1988）副所长后，心中的感受是压力很大。因为要认真做好所里的科研管理工作，花费的时间和精力很多，这就与自己承担的科研工作产生矛盾。我本人热爱研究，随着研究的深入，觉得想要做的课题很多，想要读的书很多。所以，在换届时，我向所里提出不再担任副所长的请求，所领导则坚决挽留我。我犹豫再三，也就没有坚持我的请求。这样，又过了一年半，我心中的这个情结依然没有消释。而且，我发现在国家实行市场经济的大环境下，方方面面重视经济效益，对学术研究也有冲击。我要坚持以研究为主、以提高为主的办所理念，遇到的困难更多。因此，我觉得我还是不担任副所长为好，我可以集中精力从事我的专业研究，也许这样对我更合适，更能对国家的学术文化积累做出贡献。而我给胡绳院长打了报告后，副院长汝信代表院领导找我谈话，说明院领导不同意，并耐心做我的工作，说服我。汝信也是我尊敬的美学专家，听了他的恳切的言辞，我难以固执己见。自然，我只要在位，我还是会尽心尽力完成副所长的职责。

在此期间，季羡林先生又承担了国家社科项目，主编《东方文学史》，以北大东语系教师为主力队伍，因为涉及的东方文学语种很多，也邀请其他单位有关专家参加。我也应邀任副主编之一，负责上古文学部分。实际上我的写作任务并不重，主要是撰写"上古文学概述"这一章，并负责上古文学部分的统稿。因为我先前已经完成《印度古代文学史》中梵语文学部分，这次《东方文学史》中的梵语文学部分主要是改编和缩写。另外，"印度英语文学"一章，我也有旧稿。因为原先《印度文学史》项目中的现代文学部分没有完成，而我承担的其中"印度英语文学"一章已经完稿，这次可以直接用在《东方文学史》

中。这部集体编写的《东方文学史》顺利完成，于 1993 年由吉林教育出版社出版。

参加编写《东方文学史》也是一个学习机会，可以对东方文学的全貌有个大致了解。我在撰写其中的上古文学概述时，也读了不少书。我在这一章中对东方上古文学进行宏观考察，描述了东方上古时代的历史、社会和文化背景，并对东方上古文学的成就和特点做出概括，指出东方上古文学与宗教关系密切。神话与宗教相辅相成，常常是宗教观念的形象化表达。东方各国的神话传说各具民族特色，在宗教和神话观念的支配下，上古的颂神诗十分发达。同时，上古口头文学发达。因为在上古时期，一些民族的早期文字结构和形体复杂，不易掌握，或者受书写材料的限制，书面文学不可能普及。盛行的口头文学样式是歌谣、寓言和故事。然而，在口头文学中，最具有时代特征的还是神话传说和史诗，因为歌谣、寓言和故事在未来社会中还会继续存在，而神话传说和史诗将随着社会的发展与书面文学的兴盛逐渐衰微乃至消亡。史诗也成为后世以书面形式创作的叙事诗和长篇小说的直接先导。与口头文学相关联，诗歌体裁在上古文学中占据优势。在书面文学兴起后，作家从口头文学遗产中首先直接继承并使之充分发展的也是诗歌艺术。在概述东方上古文学时，也将中国上古文学纳入考察，指出它在东方上古文学一般性中的一些特殊性。这个问题，在我后来进行中印文化传统比较研究时，还会进一步阐发。

我此前编写"印度英语文学"一章，也是源于我"文革"

后最初几年热心于印度现代文学的翻译和介绍工作。但为了编写这一章，也读了不少印度出版的印度英语文学的研究著作以及印度英语文学作品。因为当时国内没有专门研究印度英语文学的学者，因此，我的工作也算是暂时填补了印度文学研究中的一个小空白。

1991 年，季羡林先生八十寿辰。北大东语系为季先生编纪念文集。我应约写了一篇《梵语文学修辞例释》，表示学生向恩师汇报学习成果。因为印度古代修辞学很发达，现存最早的梵语诗学著作《诗庄严论》中，给诗下的定义是："诗是音和义的结合。"由此，"庄严"（即修辞）也分成"音庄严"和"义庄严"。这部著作中论述了 39 种庄严，包括谐音和叠声等音庄严（词音修辞），隐喻、明灯、明喻、夸张和奇想等义庄严（即词义修辞）。此后，各种梵语诗学著作不断对修辞进行辨析和分类。在后期梵语诗学著作中，修辞方式达到 100 多种。我的这篇《梵语文学修辞例释》是以《诗庄严论》中的 39 种庄严为基础，补入《诗镜》《摄庄严论》《诗光》这三部梵语诗学著作增添的庄严，共 73 种，即音庄严 7 种、义庄严 66 种，分别提供这些修辞方式的定义、例证和说明，供国内从事修辞学和文学理论研究的学者参考。这篇《梵语文学修辞例释》发表在江西人民出版社出版的《季羡林教授八十华诞纪念文集》中。

北大东语系也为季先生举行一个祝寿会。冯至先生接到邀请信，便询问我是否去参加。我说老师的祝寿会，我必须参加。于是，冯先生说："那我就和你一起去。"冯先生自 1982 年退下所长岗位，担任名誉所长，而他笔耕不辍，1989 年还出版诗歌散文集《立斜阳集》，也赠送给我一本。我有时去看望他，他说每次体检，他的身体内脏器官都很好，只是年纪大了，腿力不足。这样，我陪冯先生去北大。冯先生在会上代表外文所送了花篮，并致祝词。季先生一向尊冯先生为师长，当时的心情十分激动，含着泪花感谢冯先生。

季先生在冯先生逝世后，写过一篇悼念文章《哭冯至先生》，文中说道"在长达半个多世纪的友谊中，我们虽为朋友，我心中始终把他当老师来看待"。还提到这次祝寿会："我坐在主席台上，瞥见他由人搀扶着走进会场，我一时目瞪口呆，万感交集，我连忙跳下台阶，双手扶他上来。他讲了许多鼓励的话，优美得像一首抒情诗。全场四五百人掌声雷动，可见他的话拨动了听众的心弦。此情此景，我终生难忘。"

《外国文学评论》也约我写了一篇祝贺季先生八十诞辰的文章，我便写了《季羡林先生的治学风格》一文。我前面已经提到在 1982 年我们的学术聚会上季先生传授给我们的治学方法。我这篇文章便是结合季先生的学术成就阐述他的治学风格。我在文章中还特别提及他在"文革"中暗自翻译史诗《罗摩衍那》一事，讲述我由此事"体悟到作为一个学者，确实也需要有点'为学术而学术'的精神。学术成果的出版固然重要，而学术成果的创造更为重要。出版有个气候和机遇问题，而学术创造的命运掌握在学者自己手中。否则，有了出版机会，也拿不出创造性的学术成果。太史公司马迁身受腐刑而不气馁，怀着'藏之名山，传之其人’的信念，继续写作《史记》。可以说，中国现代许多纯正的学者也都秉承着这种视学术为第一生命的优良品格”。

1992 年 7 月，为纪念世界反法西斯战争和中国抗日战争胜利五十周年，由我们外文所主持编纂的"世界反法西斯文学书系"（共 52 卷，重庆出版社出版）首发式在人民大会堂举行。这部大型书系是依托我们外文所多语种文学专家齐集的优势编成的，我也担任其中的南亚、西亚、非洲卷主编，并为该卷撰写了序言。

1992 年，季先生向我们说起有个出版社准备出一系列外国民间故事集，向他组稿。他说印度古代的《故事海》值得翻译，可以出版一个选译本。他建议我与郭良鋆和蒋忠新合作，各人选译一部分。于是，我们按照季先生的吩咐，着手选译《故事海》。《故事海》是印度现存规模最大的一部古代故事集，采用诗体，共有二万一千多颂，分作 18 卷，124 章。这部故事集也采用故事里套故事的框架式叙事结构，这样，大大小小的故事共有 350 多个。故事种类很多，有神话传说、寓言故事、宗教故事、幻想故事、历险故事、宫廷故事、爱情故事、荡妇故事、贞女故事、智慧故事、傻瓜故事、骗子故事、动物故事、巫术故事和鬼故事等，堪称"印度古代故事大全"。

我们在日常工作中，抽出时间翻译，于 1994 年完稿，总共选译了 40 万字。我还写了译本序。在序中，除了介绍《故事海》的成书源流、故事内容和艺术特征，我还特别指出，《故事海》第十卷中也汇入了印度古代著名故事集《五卷书》，而《故事海》中的《五卷书》作为五组智慧故事，有一系列傻瓜故事相陪衬。我们若将这些傻瓜故事与汉译佛经《百喻经》对照，就会发现其中的绝大多数故事都见于《百喻经》。只是《百喻经》将这些傻瓜故事用作譬喻，宣传佛教教义。据《百喻经》末尾题署："尊者僧伽斯那造作痴华鬘竟"，可知此经原名《痴华鬘》。唐慧琳《一切经音义》引玄应音义曰"梵云摩罗，此译云鬘"。"摩罗"即梵语 mālā 一词的音译，意为花环。这里用作书名，取其由故事花朵编集而成之意。梵语用作愚蠢或傻瓜一词多为 mugdha。《故事海》中用作"傻瓜故事"这个词组的梵语也是 mugdha-kāthā。这样，《痴华鬘》可以还原成梵语 mugdha-mālā，也就是《傻瓜故事集》。以前我们都认为《百喻经》的原本已失传，而现在发现了它的原型。这也是我翻译《故事海》过程中的一个意外收获。

这部《故事海选》的译稿完成后，原先所说的那家出版社没了消息。于是，我将译稿交给人民文学出版社。他们接受了这部译稿，后来由于责任编辑的工作变动，直至 2000 年，出版社将这部《故事海选》，与原已出版的《五卷书》和《佛本生故事选》组合成"印度故事文学名著集成"，一起推出。

## 冯至先生的《十四行集》

1993 年是冯至先生 88 岁寿辰。我们在 1992 年就筹备为他开纪念会，并出版纪念文集。然而，我们与冯先生商量时，他坚决不同意为他筹备祝寿活动。后来，经过我们再三请求，他只同意出纪念文集。于是，我们组建纪念文集编辑组，发出征稿信。撰稿人主要是冯先生的及门弟子和所内同事。征稿内容包括研究冯先生的文学创作和学术思想的论文以及弟子和同事的最新研究成果。

我过去爱读冯先生的诗歌，所以写了一篇《在梵语诗学烛照下——读冯至〈十四行集〉》。《十四行集》是冯先生的诗歌代表作，在中国现代诗歌史上占有重要的一席地位。我再次细心品读《十四行集》，并认真阅读《冯至选集》中的其他诗歌和散文，以及冯先生的学术论著和谈论诗歌创作经验的文章。我在这篇论文中指出，好诗经得起时间检验，也经得起读者从各种角度阅读。读者可以凭自己的生命体验和艺术神经读诗，也可以按某种诗学观念读诗。这后一种读者未免让人看成学究式的，但实际上任何读者都有自己的诗学观念，只是自觉或不自觉罢了。而无论是古代诗学或现代诗学，其基本原理是相通的。这犹如蜡烛和电灯，其照明功能是一致的。

梵语诗学抓住诗美的三个要素：修辞、味和韵。修辞属于外在的语言美，味和韵属于内在的感情美和意蕴美。而感情和意蕴通过语言暗示，因此，外在美和内在美是相辅相成的。本文就是运用梵语诗学观念观照冯至先生的《十四行集》。

冯至的十四行诗是移植欧洲商籁体（Sonnet）。它有固定的四四三三的分节分行格式，也有一定的押韵方式。押韵体现诗歌的音韵美。文中以第二十二首《深夜又是深山》予以说明。而且，《十四行集》中的每首诗，都如同这首诗，每行字数相等，至多有时相差一两个字，追求诗歌语言的整齐美。除了和谐的韵律外，这首诗中还运用了对偶、互文、比喻和警句等修辞手法。同时，一些字和词的交替重复使用，不仅与韵律共同构成反复回环的音韵美，也加强了这首诗要传达的沉重压抑的氛围。在诗歌修辞中，最普遍也最重要的修辞手法是比喻。《十四行集》中精妙的比喻触目皆是。而且，这些比喻常与排比、层递、夸张和对比等结合使用。

《十四行集》中蕴含深厚的韵和味。这部诗集写于 1941 年。当时冯至住在昆明附近的一座山里，已经很久不写诗了。一天下午，望着几架在空中飞翔的飞机，兴口说出一首有韵的诗，回家写到纸上，恰好是一首变体的十四行诗。它就是《十四行集》中的第八首《一个旧日的梦想》。这首诗蕴含深刻的哲理，即古人的科技梦想逐步得到实现，而人世的纷争迄今难以解决。因而，在这个哲理中，又蕴含诗人的悲悯之情。这正如梵语诗学著作常引用的一个传说：史诗《罗摩衍那》作者蚁垤仙人曾在森林中看见一个猎人射杀交欢中的公麻鹬，心生怜悯，脱口而出一首偈颂体诗。后来，他就用这种诗体创作了《罗摩衍那》。

按照梵语诗学的味论，蚁垤仙人创造偈颂体诗，情由是猎人射杀公麻鹬，情态是母麻鹬凄惨悲鸣，由此激起常情悲，产生悲悯味。冯先生领悟的人生哲理和心中积聚的感情，也都是通过特定的情由和情态暗示的。正如他自己所说："从历史上不朽的人物到无名的村童农妇，从远方的名城到山坡上的飞虫小草，从个人的一小段生活到许多人的共同遭遇，凡是和我的生命发生深切的关联的，对于每件事物我都写出一首诗。"冯先生领悟的人生哲理中，既含有悲悯味，也含有平静味，如第十三首《歌德》。因为这种人生哲理的底蕴是庄重的平静，而不是脆弱的伤感。

梵语诗学家新护认为味是普遍化的知觉。诗人描写的是特殊的人物和故事，但传达的是普遍化的知觉。每个读者都有心理潜印象。读者在阅读时，诗中的情由和情态唤醒了读者心中普遍存在的感情潜印象，也就品尝到了味。新护的"心理潜印象"论揭示了艺术审美快感的根源，也揭示了艺术创作中特殊和一般的辩证关系。冯至《十四行集》的艺术特色正是通过特殊的自然现象、人物和事物，表达普遍的人生哲理，而人生哲理中又蕴含深沉的感情。如第四首《鼠曲草》，抓住鼠曲草的两种特殊性：一是它的白茸茸的形态，二是它的静默的生存方式。并与它们的欧洲名称贵白草（即高贵和洁白）相联系，从而寓有一种普遍的人生哲理。冯先生在散文中，也经常称颂这种鼠曲草精神："谦虚地掺杂在乱草中间。但是在这谦虚里面没有卑躬，只有纯洁，没有矜持，只有坚强。"他从牧羊的村女、凿出山路的石匠和建造灯塔的渔民身上，都能看到这种精神。他告诫人们"不要让那些变态的繁荣区域的形形色色夺去我们的希望，那些不过是海水的泡沫，并不接触到海内的深藏"。他强调"应该相信在那些不显著的地方"，"工作而忍耐"的人们，因为真正为社会做出奉献的，"正是那些不顾时代的艰虞、在幽暗处努力的人们"。

冯先生在《读歌德诗的几点体会》中，对从特殊到一般这个文学创作的奥秘做了精辟的阐释："从特殊到一般，意味着从个别具体的事物中看出普遍的情理，特殊与一般结合，才有较高的诗的意境。那些概念诗，现实生活中没有实感，语言中没有形象，只讲一般空洞的道理，不会有感人的力量。但若是只写特殊事物，客观地描写风景，叙述事实，体现不出更高的一般意义，也不能说是诗的上品。"换用梵语诗学的说法，就是必须通过特殊的情由和情态暗示普遍的味，才是有韵的上品诗。

由于特殊中寓有一般，《十四行集》中诸如"深夜"和"光明"、"狭窄的心"和"大的宇宙"这类意象，都是意味深长而超越时空的。它们适用于历史和现实，也适用于未来；适用于民族和社会，也适用于个人。可以说，这是文学史上千古流传、常读常新的优秀诗歌的共同特征。

《冯至先生纪念论文集》于当年年底编成，1993 年 1 月交由社会科学文献出版社排印。冯至先生在 1992 年下半年生病，住过一段时间医院。而就在这部纪念论文集发稿排印之间，他又发病住院。因为年迈体衰，抵挡不住病魔的侵袭，处于病危状态。我们看望他时，已经不能进食。此情此景，我们真不知用什么语言安慰先生。而先生平静地对待生死。就在 2 月 22 日，先生与世长辞。纪念论文集于 1993 年 6 月出版。我回想自己在外文所，一直得到先生的关怀和培养，心中无比悲痛。我原想以自己的这篇论文略表对先生的感恩之情，现在先生看不到了，在我心中留下永久的遗憾。但先生的优秀诗篇和人格精神将永远滋养一代又一代后来者。文学所的中国现代文学专家樊骏先生读到这部纪念论文集后，将我写的这篇论文在他主编的《中国现代文学研究丛刊》（1994年第2辑）上予以转载。

# 禅和韵

前面说到我在写作《印度古典诗学》的过程中，会联想到西方文论。其实，我的联想不仅是西方文论，也包括中国古代文论。我深深体验到印度古典诗学在表现形态上与西方文论和中国古代文论迥然有别。尽管如此，在文学基本原理上仍是相通的。故而打通印度、中国和西方诗学，是一项富有学术价值的研究课题。基于这种想法，在完成《印度古典诗学》后，我准备"趁热打铁"，从事比较诗学研究。这样，我已经写了《印度古典诗学和西方现代文论》和《在梵语诗学烛照下——读冯至〈十四行集〉》，接着又写了《禅和韵——中印诗学比较之一》。

禅发源于印度，原本与诗无缘。印度禅传入中国，转化成中国禅。中国禅引发以禅喻诗，与中国韵融合，而中国韵又与印度韵相通。本文论述的就是中印文化中的这一有趣现象。论文第一部分论述"印度禅和中国禅"。禅是印度古代瑜伽修行方式，为各种宗教派别所接受，佛教也不例外。印度禅随同佛教传入中国，尤其是以《楞伽经》为中介，促成中国的禅宗。禅宗在发展中形成共同宗旨——"不立文字，教外别传，直指人心，见性成佛"，同时，也不拘泥于坐禅形式。这样，印度禅转化成中国禅。第二部分论述"以禅喻诗和神韵论"。中国禅与印度禅一样，原本与诗艺无关。然而，禅宗思维中的暗示方式与诗歌思维相似，成为两者沟通的切合点。禅宗语录不同于印度佛经重说理和因明，而重机锋和妙悟。禅宗使用文字，又不执着文字。禅宗语录中，"言语道断，心行处灭"；"才涉唇吻，便落意思，尽是死门，终非活路"，说的都是这个意思。禅师的机锋中常常含有隐喻、暗示或象征，需要禅众参究领悟，因指见月。这样，唐宋诗人领悟到诗心和禅心相通。入宋以后，"学诗浑似学参禅"几乎成了诗家口头禅。而严羽《沧浪诗话》力倡"以禅喻诗"，成为这股诗学新潮的代表人物。钱锺书先生在《管锥编》中指出："首拈'韵'以通论书画诗文者，北宋范温其人也。"范温也打通禅之悟和诗之韵，以禅喻韵："如释氏所谓一超入如来地者……自有超然神会，冥然吻合者也。是以识有余者，无往不韵也。"到了清代，王士禛力倡"神韵论"。他在《带经堂诗话》中说："舍筏登岸，禅家以为悟境，诗家以为化境，诗禅一致，等无差别。"第三部分论述"中国韵和印度韵"。中国传统诗学中的一些批评术语往往语义含混。同样以韵论诗，对韵的理解和把握常常因人而异，各有侧重。范温给"韵"下的定义是"有余意之谓韵"。凡诗中"有深远无穷之味"，即有韵。这与印度韵论接近，因为梵语诗学家是将韵作为一种具有普遍性的、诗的艺术特征提出的。严羽的"入神"说，也与范温有相通之处。而王士禛的神韵内涵偏于清远冲淡一路。他尤为欣赏严羽所谓"羚羊挂角，无迹可求"和司空图所谓"不著一字，尽得风流"。而司空图标举的"韵外之致"和"味外之旨"，也以风格"澄澹精致"的王维和韦应物为典范。这样，尽管中国韵和印度韵基本原理一致，但就其发展的最终结果而言，定名为"神韵"的中国韵的内涵和表现形式偏向于清远、冲淡、飘逸、空灵、含蓄、朦胧、幽闲和洒脱，成为中国诗学中别具一格的诗美理论。这篇论文发表在《文艺研究》1993 年第 5 期。

# 文学研究方法

　　1994 年，《外国文学评论》约我写一篇关于外国文学研究方法的文章。于是，我写了《外国文学研究方法谈》一文。所谓文学研究方法，也可称为文学批评或文学理论。在"文革"后，中国文学理论界大量介绍西方现代文论。确实，20 世纪西方文学批评理论流派纷呈，堪称批评的世纪。而中国用了十余年时间积极引进，从历史补课迅速达到共时同步。但有些学者看到国内文学理论界开口闭口西方文论，仿佛淹没了中国文论，产生一种失落感。

我的这篇论文试图用历史发展的眼光看待文学研究方法问题，打通中国、西方和印度的文学理论。艾布拉姆斯的《镜和灯》一书总结文学研究的历史经验，确立文学批评的四个要素：作品、作者、读者和世界，这已经是文论界的共识。他还将这四个要素排列成三角结构，作品位于三角的中心。我认为这也十分正确。因为文学研究的主要对象毕竟是文学作品，正是为了欣赏作品，才需要研究作者、读者和世界。或者说，只有作品值得研究，作者、读者和世界才值得研究。否则，离开了这个中心，也就成为别样的或非文学的研究了。

而在研究方法上，对这四个要素会有侧重点，也就是现在我们通常说的社会历史批评、作者批评、作品批评和读者批评。应该说，这四种批评方法互相之间并无高低优劣之分。因为文学批评的对象本身是有机的整体，只是为了批评的方便，才划分出四个要素。这是一种权宜之计。侧重某个要素并不意味着割断与其他要素的有机联系，更不意味着以局部取代整体。批评史上的许多优秀成果都证明了这一点。

中国的文学批评遗产极其丰富。从总体上说，中国传统的文学研究注重应用批评，大量的诗话、词话、诗文序跋和点评便是明证。批评理论大多散见于应用批评中。系统的批评理论著作也有，如刘勰的《文心雕龙》、叶燮的《原诗》以及戏剧学著作如王骥德的《曲律》和李渔的《曲话》等，但数量不算多。然而，我们利用中国传统文学批评资料，突破批评史写作惯例，以作家、作品、读者和世界四个要素为框架，也完全可以新编一部材料充实、精义迭出的中国文学批评概论或方法论。

西方在近代以前，系统化的文学理论著作也不算很多。我们经常提到的也就是亚里士多德的《诗学》、贺拉斯的《诗艺》和布瓦洛的《诗的艺术》等。大量的文学观点也是散见在应用批评中。而印度梵语诗学则是以系统化的论著为主，如《诗庄严论》《诗镜》《韵光》《诗光》《文镜》等，应用批评主要体现在这些理论著作的例释中。

同样是古代文学理论，却神态各异。相对地说，西方富于哲学思辨，印度长于形式分析，中国则善于艺术表达。古希腊柏拉图以绝对"理念"为标准，按照对"理念"的模仿层次，贬低艺术和诗人的地位。而亚里士多德充分肯定艺术对现实世界的创造性模仿。他对文学现象作了系统的分析和归纳，并贯彻形式和质料、必然和偶然、特殊和普遍等本体论哲学思想。印度梵语诗学偏重艺术形式本身，分析细致入微。在修辞、味和韵这些母概念之下有众多子概念，分门别类，不惮烦琐。而中国古代文学批评，以《文心雕龙》为例，全书使用典雅的骈文，保持文体的美感。因此，我们也可以说西方倾向哲学化批评，印度倾向形式化批评，中国倾向诗化批评。这三种文学研究方法，各有优长，具有互补性。

西方在近代建立了美学，文学和艺术理论也被纳入美学，哲学化的倾向也就更加突出。另外，随着近代科学研究的发展，学科越分越细，文学理论也向纵深发展，对四个批评要素的探索也越来越精密。由此，派别林立，各执一端，在 20 世纪蔚为大观。虽然割裂整体，解剖局部，并不妨碍取得深刻的研究成果，但往往带有片面性。如德里达的解构主义旨在颠覆西方传统形而上的"逻各斯（言语）中心主义"，创制了一个"延异"概念，其实质是强调语言符号所指和能指之间的差异及其不确定性，并推向极端，得出任何言语都没有确定意义的结论。显然，这种思路陷入了绝对主义。如果执意以绝对的标准衡量相对，结果只能是取消任何真理。而且，这样的理论与文学本体渐行渐远，而成为非文学的理论。

自然，我们应该打通文学和哲学的研究，不仅哲学，还有其他人文学科。因为人是整体，社会是整体，世界是整体。每门学科一般都是从某个角度反映整体的某个侧面或层次，某种系统或规律。如果我们只看到现象的差别，无穷无尽地加以分割，就会远离世界的真实。庄子所谓七窍凿而混沌死，就是向往浑然一体的真实。我们唯有在整体的有机联系中，客观审视各种现象，才能感悟活泼泼的真实。当然，打通并不意味着泯灭一切界限。因为我们必须在整体和局部、同一和差异的辩证关系中，尽可能正确地把握现实。

在中国学术界，钱锺书先生堪称立足中国文艺学，打通古今中外人文学术的典范。而且，尤其值得我们注意的是钱先生的中国作风和气派。《谈艺录》和《管锥编》都采用札记体，有话则长，无话则短，言之有物，信息密集。这是运用中国的传统体裁，做着现代先进的学问。札记文字简约流丽，洋溢着诗美和诗性智慧。这也是中国传统文论的文体特色。凡涉及外国文学和理论，均能经过中国思想和文学的消化。中国的外国文学和理论研究自然应该有中国作风和气派，这也是判断我们对外国文学和理论的消化接受能力，衡量我们的研究是否达到化境的重要标志。

这篇论文发表在《外国文学评论》1994 年第 3 期。这里还可以附带提及 2007 年我们所外国文艺理论研究室任昕以《中印古代文化和诗学》为题，对我进行过一次访谈（发表在该年 12 月 27 日的《中国社会科学院院报》上）。其中，她问到这个问题："在中国，现代意义上的文学理论来源于西方，这使得中国古典文论处于一种尴尬的地位。在这种局面中，中国古典文论的定位和走向，以及与西方文论相遇时的种种问题，成为人们必须面对和深思的问题。您对此有什么看法？印度古典诗学是否也面临这样的问题？"

对此，我的回答是："是的，中印两国面临的问题是同样的。不过，我觉得你说的这种'尴尬'的感觉本身是不必要的。打个比方，中国古代使用文言文，现在使用现代汉语，印度古代使用梵语，现在使用现代印度语，我们会觉得'尴尬'吗？中国古代文论和印度古典诗学都是适应各自古代文学的理论需要而产生的。在现代，它们都已成为文学理论遗产。确实，中印两国学者都为自己拥有丰富的文学理论遗产而自豪。但是，面对现代文学理论现状，普遍采用西方的理论架构、概念和术语，难免会使不少学者产生一些莫名的'焦虑'。其实，历史的发展有它潜在的必然性，常常不以人的主观意志而转移。中国在 20 世纪五六十年代接受苏联现代文学理论，批判西方现代文学理论，而在 70 年代后，又接受西方现代文学理论，批判苏联现代文学理论。在我看来，无论是苏联现代文学理论，还是西方现代文学理论，都体现现代文学理论形态。只是由于意识形态的差异，而在理论运用上产生种种分歧。"

"中国借鉴苏联和西方的文学理论，形成现在的现代文学理论形态。我们必须在这个基础上推进中国文学理论的发展，不可能推倒重来，另起炉灶。中国现代文学理论发展和创新的途径应该是多方面的。譬如，认真总结中国文学经验，上升为理论；积极继承中国古代诗学遗产，转化和融入现代文学理论；既要借鉴西方文学理论成果，也要扩大视野，注意吸收东方文学理论遗产。因为诗学虽有古今中外之分，但原理是相通的。总之，中国现代文学理论的发展和创新的空间很大，主要看我们自己的知识学养是否深厚，理论视野是否开阔，以及理论思维的能力能发挥多大。如果我们的现代文学理论能立足中国文学经验，并做到古今中外融会贯通，这本身就是创新，是对世界文学理论的贡献。"

"自 70 年代以来，在中国的文学研究领域内，比较文学和比较诗学也是一个'热门'。其实，这不是偶然出现的现象。它反映一种现实的理论需要，即追求古今中外文学和诗学的融会贯通，完全可以视为中国现代文学理论建设的组成部分。"

# 佛经翻译理论研究

　　我在《文学遗产》1994 年第 6 期发表《佛经翻译文质论》一文。应该说，作为一个中国的梵文学者，与佛经研究有着天然的联系。因为印度早期佛教经典使用巴利语，此后的大乘佛教经典主要使用梵语。佛教自两汉之际传入中国，历时千余年，中国古代高僧为我们留下了卷帙浩繁的汉译佛经。在我长期的知识学养积累中，佛经也是重点。我经常选读佛经和佛教史料以及国内外学者的佛教研究著作。在阅读中常会思考一些问题。首先引起我兴趣的是佛经翻译理论问题，脑子里闪现这个论题。这样，围绕这个论题，我仔细阅读《出三藏记集》和历代《高僧传》，梳理其中关于佛经翻译的论述。我也对照梵语佛经原典阅读汉译《心经》和《金刚经》，对古代高僧的翻译实践有个感性认识。然后，动手写了这篇论文。

　　梁释僧祐的《出三藏记集》是现存最早的中国佛经目录，也是最重要的一部中国佛经翻译史料集。僧祐对自汉至梁的佛经翻译作了总体评述，其翻译批评的主要原则是文质论。他推崇"质文允正"，反对"文过"或"质甚"。文质论本是中国先秦以来传统的文学批评原则，如孔子所说"文质彬彬"。班彪称赞太史公书"善述序事理，辩而不华，质而不野，文质相称"。刘勰所谓"斟酌乎质文之间，而隐括乎雅俗之间"。然而，僧祐的翻译批评文质论，只是针对汉译佛经文体，并未顾及佛经原著文体。他有意无意将佛经文体等同于中国经典文体，因此，对以往佛经翻译的批评难免失之肤廓。

其实，对于佛经翻译文和质的思考，贯穿于整个魏晋南北朝译经活动，是佛经翻译理论的一个中心问题。三国时期的支谦是一个重视文饰的佛经翻译家，僧祐称赞他的译文"彬彬以雅畅"。而支谦在参与《法句经》翻译时，接受印度来华僧人维祇难的意见，"因循本旨，不加文饰"。古代佛经翻译通常是中国高僧与印度来华僧人合作进行。中国高僧在与印度僧人讨论和交流中，逐渐认识到佛经原著文体与中国经典文体不同。

东晋道安是一位博学的高僧，也积极组织译经活动。后来，他在《摩诃钵罗若波罗蜜经抄序》中提出了著名的佛经翻译"五失本，三不易"。钱锺书先生称"吾国翻译术开宗明义，首推此篇"。道安的"五失本，三不易"标志着中国高僧从此对佛经原著文体和中国经典文体的不同有了正确认识。道安在"五失本"中提到"胡经尚质，秦人好文"；"胡经委悉，至于咏叹，丁宁反复，或三或四，不厌其烦"；"事已全成，将更傍及，反腾前辞，已乃后说"。也就是说，佛经文体质直和繁复，而秦人喜好文饰和简约。因此，他主张佛经翻译除"胡语尽倒，而使从秦"外，其余均不应"失本"。

然而，在此后的佛经翻译实践中，依然存在两种倾向，或强调保持原文的质直和繁复，或喜好文饰和简约。鸠摩罗什便是后一种倾向的代表。《出三藏记集》中有一则重要的记载："什每为叡论西方辞体，商略异同云：天竺国俗，甚重文藻，其宫商体韵，以入弦为善。凡觐国王，必有赞德。见佛之仪，以歌叹为尊。经中偈颂，皆其式也。但改梵为秦，失其藻蔚，虽得大意，殊隔文体，有似嚼饭与人，非徒失味，乃令呕秽也。"这里鸠摩罗什所说"天竺国俗，甚重文藻"，与道安所说"胡经尚质"明显抵牾。而现代学术界也常引用这段话，误以为这是对佛经文体的描述，因此，很有必要予以澄清。

其实，鸠摩罗什这里所说的印度"辞体"是指当时印度上层社会通行的古典梵语文学的诗体。而佛经梵语以通俗梵语为主，传经方式也以口传为主，这就决定了梵语佛经普遍具有口头文体的特点。梵语佛经中，只有少量采用古典梵语文体的佛经，如马鸣的《佛所行赞》和圣勇的《本生鬘》。一般佛经中的偈颂也都使用通俗梵语，并不注重藻饰。因此，不能笼统地说"改梵为秦，失其藻蔚"。佛经偈颂在汉译过程中，失去的只是朗朗上口的诗律。汉译偈颂既不讲究诗律，又仿照原文，强求字数整齐划一，在译文上难免削足适履，颇多生涩费解之处，这才是鸠摩罗什所谓"虽得大意，殊隔文体，有似嚼饭与人，非徒失味，乃令呕秽也"。因此，僧祐《出三藏记集》所记载的这段话，如果确切无误，那也有可能是鸠摩罗什有意为自己译经喜好文饰和简约张目。而尽管鸠摩罗什译经有喜好文饰和简约的倾向，但他译出的佛经，按照中国经典文体的标准，依然偏于质朴和繁重，这是由佛经原文文体的本质特点决定的。

赞宁在《宋高僧传》中也指出"秦人好略"，"天竺好繁"，而主张"与其典也，宁俗"。但他又认为"傥深溺俗，厥过不轻；折中适时，自存法语，斯谓得译经之旨也"。故而，他称赞鸠摩罗什"译《法华》，可谓折中，有天然西域之语趣矣"。

隋朝彦琮在《辩正论》中对道安的"五失本，三不易"推崇备至，称赞道安"详梵典之难易，诠译人之得失，可谓洞入幽微，能究深隐"。因此，他的译经主张也是"宁贵朴而近理，不用巧而背源，傥见淳质，请勿嫌烦"。他告诫译者"常思品藻，终惭水镜"，但也要求译者"不昧此文"，"不过鲁拙"。

唐玄奘的译经原则与道安和彦琮一脉相承。道宣在《续高僧传》中指出"自前代已来所传经教，初从梵语倒写本文，次乃回之顺同此俗，然后笔人乱理文句，中间增损，多坠全文。今所翻传都由奘旨，意思独断，出语成章，词人随写，即可披玩"。这表明玄奘译经要求译出全文，反对随意增损。由此，鸠摩罗什和玄奘成为中国佛经翻译史上两种翻译风格的杰出代表，诚如唐释澄观在《大方广华严经疏钞会本》中所说："会意译经，姚秦罗什为最。若敌对翻译，大唐三藏称能。"

如果我们依据《金刚经》梵语原文，对照玄奘和鸠摩罗什的译文，便会发现玄奘译文紧扣原文翻译，不回避任何繁复或难解之处，而鸠摩罗什译文时有删削或改易，以追求译文简约流丽。这样，鸠摩罗什的译文字数比玄奘少了约四分之一。但是，从读者接受的角度看，鸠摩罗什的翻译比玄奘的翻译更具有可读性，更受读者欢迎。因此，在鸠摩罗什和玄奘同本异译的著名佛经中，如《金刚经》《维摩诘经》《阿弥陀经》等，自古至今，鸠摩罗什译本比玄奘译本更通行。这一点确实值得现代翻译家以及翻译理论家深长思之。

# 《摩诃婆罗多》

前面提到我在完成《印度古典诗学》后，将研究重点转向比较诗学研究。然而，这项研究工作没有继续下去，因为从1993年开始，我接受了另一项学术任务，即主持翻译印度史诗《摩诃婆罗多》。事情需要从头说起。

在"文革"后，我的同学赵国华着手翻译《摩诃婆罗多》中的一个插话《那罗和达摩衍蒂》，于1982年由中国社会科学出版社出版。而在1984年，季羡林先生的七卷八册的《罗摩衍那》汉译本由人民文学出版社出齐。当时，我们这些弟子心想，什么时候也能将《摩诃婆罗多》翻译出来？但《摩诃婆罗多》的篇幅相当于《罗摩衍那》的4倍，令人望而生畏。而赵国华有志于献身这部史诗的翻译。按照国外翻译《摩诃婆罗多》的做法，往往先翻译《摩诃婆罗多》中的插话。金克木先生早在20世纪50年代，就翻译过这部史诗中的另一个著名的插话《莎维德丽》，发表在1954年的《译文》杂志上。于是，金先生开列《摩诃婆罗多》插话选目，先让赵国华与席必庄和郭良鋆合作翻译《摩诃婆罗多插话选》，于1987年由人民文学出版社出版。这可以说是《摩诃婆罗多》翻译的"前奏曲"。

这里需要介绍一下席必庄这位译者。她原是北大东语系印地语专业毕业生，已经在外文出版社工作。她得知季先生和金先生开设梵文班后，便作为旁听生前来跟班学习。五年中，风雨无阻，学完梵文全部课程，这样，她也成了我们的同学。她的印地语、英语、梵语和汉语俱佳，因此很适合从事梵语文学翻译。

然后，在金先生支持下，赵国华约定席必庄、郭良鋆和我一起合作翻译《摩诃婆罗多》全书。按照金先生的意见，译文采用散文体。因为这部史诗规模庞大，号称"十万颂"，精校本约八万颂，译成汉语约有 400 万字。而且，这部史诗是以英雄传说为核心的百科全书式的史诗，内容并不局限于文学。因此，用散文体译出，更为合适。金先生的这个意见很中肯，也很重要。因为这部史诗使用通俗梵语和简易的"输洛迦"诗律，译成汉语诗体应当接近民歌体或弹词体。而译者们并没有写作这类诗体的经验，要译得诗行整齐，通俗易懂，押有韵脚，朗朗上口，又忠实原文，并非易事。如果译得不好，很可能变成"打油诗"，画虎不成反类猫。或者，只是散文分行，凑个韵脚而已。因此，我们还是老老实实译成散文体为好。

金先生后来在为这部史诗汉译本撰写的序言中说道："有诗意的原文不会因散文翻译而索然无味。本来无诗意只有诗体的部分更不会尽失原样。这样也许比译成中国诗体更接近一点原来文体，丧失的只是口头吟诵的韵律。这是我们的希望，也是翻译过程中努力的目标。"金先生亲自动手翻译了《摩诃婆罗多》前四章。这四章包含全书的篇目纲要，翻译难度很大。译文即采用散文体。他的译文为全书的翻译起了示范作用。

当时，我和郭良鋆手头都有各自的工作要完成，于是与赵国华商定，由他和席必庄先译起来，我们过些年参加进来。《摩诃婆罗多》全书共有 18 篇，我们初步确定了分工。这样，到了 1986 年，他和席必庄译出了第一篇《初篇》。可是，这时国内出版社普遍开始重视经济效益，对于这样一个旷日持久而且很有可能会亏本的出版计划，难以爽快接受。直至 1990 年年底，中国社会科学出版社以学术事业为重，接纳了这个出版计划。

在此之前，译出第一篇《初篇》后不久，赵国华在平时读书时，突然获得一个学术灵感。他从解开八卦符号原始数字入手，探讨原始人类的生殖崇拜文化。前后用了两年时间，凭着他的聪明才智，广泛收集材料，调动自己毕生的知识学养，写成一部 30 万字的专著《生殖崇拜文化论》，于 1990 年由中国社会科学出版社出版，在国内学术界赢得好评。在这两年中，赵国华如痴如醉，与我们相见，言必"八卦符号"和"生殖崇拜"。但他也念念不忘翻译《摩诃婆罗多》的宏图。现在，时机来到，他再次与我们商定了分工和实施计划。这时，我的《印度古典诗学》的写作接近尾声，很快就能参与《摩诃婆罗多》的翻译。

不料，正当《摩诃婆罗多》翻译工程重新启动之时，赵国华突发心肌梗死，猝然逝世。他年仅 48 岁，正处在学术生命的巅峰期。噩耗传开，他的老师、同学和同事无不为他英年早逝扼腕痛惜。《摩诃婆罗多》第一篇《初篇》于 1993 年年底出版，他也未及看到。当时，我们读到这第一卷译本后记中，赵国华写有这样的话语："翻译这部大史诗，却犹如跋涉在无际的沙漠，倾尽满腔热血，付出整个生命，最终所见或许只是骆驼刺的蒙眬的绿。好吧，就为了那蒙眬的绿！"读来仿佛是他的谶语，令人黯然神伤。命运有时确实显得有些过于残酷。

赵国华逝世后，对于这项翻译工程是否继续进行下去，我们有些犹豫。而《摩诃婆罗多》第一篇问世后，社会反响很好。出版社总编郑文林便去北大找季羡林先生商量。当时北大东语系印地语教师对翻译《摩诃婆罗多》也很感兴趣，提出这部史诗规模很大，可以多一些人参加翻译。《摩诃婆罗多》也有印地语译本，这样，一些人通过梵语翻译，另一些人通过印地语转译。郑文林回来告诉我这个意见。我当即对他说："如果这样，我就不参加了。"因为正是中国现在有了梵文学者，才会动手翻译这部史诗。印度和西方学者翻译，也都是通过梵语原文翻译，这也体现学术规范。即使梵文学者人手少一些，翻译的时间长一些，也应该坚持从原文翻译。后来，我也给季先生写信，表达了这个意见。季先生也表示同意，仍由我们原班人马继续翻译下去。

于是，出版社委托我主持这项工作。我考虑到《摩诃婆罗多》本身的文化意义，也考虑到应该实现亡友赵国华的遗愿，便决定担起这份责任。席必庄和郭良鋆是原有的参加者，我又邀请南亚研究所的葛维钧和李南参加进来。后来，北大东语系的段晴也志愿加入我们的行列。他们三位是在读季先生的研究生期间，跟随蒋忠新老师学会梵文的。翻译工作按照原本确定的体例进行。我为大家作了分工，并制作了一个初步的译名表，供大家使用。后来，这个翻译工程得到中国社会科学院科研局支持，于1996年列为院重点项目。

这样，我作为项目主持人，除了承担较多的翻译任务外，还负责全书译稿的校订和统稿工作。从1993年起，尤其是在1996年之后，我把我的主要精力全都投入这项工作。随着工作的进展，我越来越感到这是一场持久战，一场"马拉松"长跑，既是对自己学术能力的检验，更是对自己意志和毅力的考验。我有一种愚公移山，天天挖山不止的真切感受。而劳累时，看到眼前已经完成的工作量，又会激发信心和力量。尤其是离最终目标越来越接近的最后一两年，我全神贯注，夜以继日地工作。常常是夜半搁笔入睡后，梦中还在进行翻译。在这些日子里，《摩诃婆罗多》仿佛已与我的生命合二而一，使我将生活中的其他一切置之度外。我能体验到淡化身外之物给人带来的精神愉悦，而这种精神愉悦又能转化成超常的工作效率。我暗自将这称为"学问禅"，也就是进入了思维入定的"三昧"境界。

出版社原计划完成一卷出版一卷，而我坚持全书译稿完成后一起出。因为在翻译过程中总要前后照应，并保持译名统一。有时原文中前面意义不甚清楚之处，译到后面会释然。我也为译本写了长篇前言，介绍翻译缘起、《摩诃婆罗多》的成书年代、《摩诃婆罗多》精校本的校勘原则、《摩诃婆罗多》的社会背景和神话背景。我也为全书18篇分别写了导言，介绍每篇的主要内容，进行简要的评析，也可以提供必要的文化背景资料，或对值得研究的问题做些提示。这样做，有助于读者阅读这部史诗，也有助于对这部史诗的深入研究，这也是我们翻译这部史诗的本意。这样，直到 2002 年年底，终于完成全书翻译，整整花费了十年时间。而中国社会科学出版社也精心编辑和印制，于 2005 年出版，贡献给学术界。这样，印度两大史诗《罗摩衍那》和《摩诃婆罗多》汉语全译本在我们师生两代的手中得以完成。

其实，花费十年或十多年时间翻译《摩诃婆罗多》是正常现象。想当初，印度一批优秀的梵文学者历时近半个世纪，完成了《摩诃婆罗多》精校本。其间，首任主编苏克坦卡尔逝世后，由贝尔沃卡尔接任主编，而贝尔沃卡尔年迈体衰后，又由威迪耶接任主编，真可谓"前仆后继"。在精校本问世前，《摩诃婆罗多》的翻译只能依据通行本。印度学者甘古利用散文体翻译的《摩诃婆罗多》（1883～1896）是第一部英语全译本。印度学者杜德用诗体翻译的《摩诃婆罗多》（1895～1905）是第二部英语全译本。在这两种英译本产生之前，法国梵文学者福歇（1797～1869）就已着手翻译《摩诃婆罗多》全诗，但他只翻译出版了全诗 18 篇中的前 8 篇（巴黎，1863～1870），不幸逝世而中断。按照他的生卒年推算，倘若他不是在 60 多岁，而是在 50 多岁时动手翻译，就能在 19 世纪 60 年代完成《摩诃婆罗多》的法语全译本了。美国梵文学者布依特南于 1967 年开始依据精校本翻译《摩诃婆罗多》，相继出版了三卷（芝加哥，1973、1975 和 1978），包括全诗的前五篇。在第三卷的前言中，按照他的估计，全诗译完出版大约要到 1983 年以后。可是，他不幸于 1979 年去世，享年 51 岁。倘若天假其年，他在 60 岁以前就能完成全诗翻译，实在令人惋惜。

　　确实，对于一个梵文学者来说，必须有了充分的学养积累之后，才能着手翻译《摩诃婆罗多》这样一部百科全书式的史诗。也就是说，一个梵文学者决定翻译《摩诃婆罗多》，就意味着要为它奉献自己一生中的学术成熟期。幸运的是，我们这个汉语全译本依靠集体的力量，最终得以完成，没有夭折。然而，这项翻译工程的发起人，我的同学赵国华已于 1991 年英年早逝；我们的老师金克木先生亲自翻译了《初篇》前四章，为我们确立了翻译体例，此后经常关心我们的翻译进程。但他也未能见到这项翻译工程完工，而于 2000 年去世（享年 88 岁）。现在，全书译稿完成出版，也可告慰他们的在天之灵了。

　　对于翻译《摩诃婆罗多》的意义，我也是随着翻译工作的进展而加深认识。我以前对《摩诃婆罗多》的理解侧重于它的主要故事情节和一些著名的插话。《摩诃婆罗多》中插话的内容包括各种神话、传说、寓言故事以及宗教、哲学、政治、律法和伦理等。而这些插话数量之多，大约占据了《摩诃婆罗多》全诗的一半篇幅。由此，《摩诃婆罗多》成了一部百科全书式的史诗。它的内涵溢出了西方的史诗概念。我们这次译出《摩诃婆罗多》全诗，尤其是其中的《和平篇》和《教诫篇》，我对这一点有了更直接的体会。

　　英语中的史诗（epic）一词源自古希腊语，原义是"言论"

或"说话"。正如伏尔泰所说："习惯使此词变成专指对英雄冒险行为的诗体叙述。"这是西方传统的史诗概念，或者说，史诗主要是指英雄史诗。按照这种史诗概念，《摩诃婆罗多》可以说是一部以英雄史诗为核心的长诗。然而，《摩诃婆罗多》自称是"历史传说"（itihāsa，意思是"过去如是说"）。这样，《摩诃婆罗多》倒是更符合 epic 的汉语译名"史诗"。它是以诗的形式吟唱印度古代历史传说。它涉及创世神话、帝王谱系、政治制度、宗教哲学、律法伦理和天文地理，全都以婆罗多族大战的故事主线贯穿了起来。《摩诃婆罗多》这个书名的意思就是伟大的婆罗多族。也就是说，它以古代英雄传说为核心，全方位地记述印度古代历史传说。它的功能类似中国司马迁开创的纪传体史书。它是印度古人在没有书写习惯的条件下，记述历史和保存文化的一种特殊手段。

史诗和史书存在一些本质的区别。史诗记述历史传说，史书记述历史事实。史诗饱含艺术想象，史书崇尚实有其事。史诗（尤其是原始史诗）以口头方式创作和传播，史书以书面方式写作和传播。然而，史诗内容的传说性主要是指诗中的人物和事件，诗中提供的社会和文化背景并非完全虚构。《摩诃婆罗多》的成书年代处在印度从原始部落社会转化为国家社会的时代，也是从吠陀时期的婆罗门教转化为史诗时期的新婆罗门教（即印度教）的时代。《摩诃婆罗多》中提供的种姓制度、宗教礼仪、律法伦理和风俗习惯都是当时社会的真实写照。而且，史诗作者依据他们所处的时代，在这部史诗中充分表达了他们

的宗教哲学思想和社会理念。这些思想和理念不仅通过直接的
说教方式表达，也通过史诗人物和故事形象地表达。可以说，
这些思想和理念是印度古人世世代代积累的人生经验和智慧的
集中体现。因此，这部史诗在印度古代最终也被尊为宗教经典，
称作"第五吠陀"。

基于这种情况，印度古人对两大史诗《摩诃婆罗多》和
《罗摩衍那》的文化定位有所不同。他们将前者称为"历史传
说"，而将后者称为"最初的诗"（ādikāvya）。《罗摩衍那》的
人物和故事比较集中，虽然也有插入成分，但不像《摩诃婆罗
多》那样内容庞杂。它更接近西方传统的英雄史诗概念。当然，
作为史诗中英雄的品质，《罗摩衍那》和《摩诃婆罗多》一样，
具有强烈的宗教伦理色彩，也就是以"正法"为规范。这一点
明显不同于西方原始史诗中英雄的品质。

印度传统将《罗摩衍那》称为"最初的诗"，主要是着
眼于艺术形式上的变化。《罗摩衍那》虽然与《摩诃婆罗多》
一样，也主要采用通俗简易的"输洛迦"诗律，但语言在总
体上要比《摩诃婆罗多》精致一些，开始出现讲究藻饰和精
心雕镂的倾向。而这种语言艺术特点在后来出现的"大诗"
（mahākāvya）即古典梵语叙事诗中得到充分体现。因此，印度
古人将《罗摩衍那》称作"最初的诗"，同时把传说中的《罗
摩衍那》作者蚁垤称作"最初的诗人"（ādikavi）。

我们译出了《摩诃婆罗多》，对于国内学术界来说，起码
有印度学和史诗学两方面的研究价值。前面已经说到，《摩诃

婆罗多》是一部百科全书式的史诗，堪称印度古代文化集大成者。它为研究印度古代神话、传说、宗教、哲学、政治、军事、伦理和民俗提供了丰富的资料。因此，现代印度学者对《摩诃婆罗多》经常就这些专题进行分门别类的深入研究。国际梵文学界也公认《摩诃婆罗多》对于印度学研究的重要性。美国梵文学者英格尔斯在评价《摩诃婆罗多》精校本的功绩时，首先强调对于《摩诃婆罗多》的研究"将会成为照亮印度历史的光芒"。美国学者布依特南在他的《摩诃婆罗多》英译本第一卷导言中说道："如果不能充分和自觉地吸收《摩诃婆罗多》中的史料，那么，西方关于印度文明进程的学问是很不完善的。"荷兰梵文学者狄雍则直截了当地说道："如果不了解《摩诃婆罗多》，怎么能阐释印度文化？"而《摩诃婆罗多》精校本首任主编苏克坦卡尔说："再没有比已故德国印度学家奥尔登伯格所说的话更为恰当：'在《摩诃婆罗多》中呼吸着印度民族的集体灵魂，也呼吸着她的人民的个体灵魂。'为什么是这样？因为《摩诃婆罗多》是印度民族的英雄传说。它包含着我们的集体无意识。我们必须用双手抱住这部大书，老老实实面对它。然后，我们会认识到它是我们的过去，一直延伸到现在的过去。我们就是它。它就是真正的我们。"

而我在翻译过程中，还深切体悟到《摩诃婆罗多》中隐含着一种悲天悯人的精神。与史诗通常的特征相一致，《摩诃婆罗多》中的人物和故事也与神话传说交织在一起，这完全符合史诗时代人类的思维方式。但是，这部史诗并没有耽于神话幻想，而富有直面现实的精神。它将婆罗多族大战发生的时间定位在"二分时代和三分时代之间",也就是"正法"(即社会公正或社会正义)在人类社会逐渐不占主导地位的时代。这样,《摩诃婆罗多》充分展现了人类由自身矛盾造成的社会苦难和生存困境。而史诗作者为如何解除社会苦难和摆脱生存困境煞费苦心,绞尽脑汁。他们设计出各种"入世法"和"出世法",苦口婆心地宣讲,也将他们的救世思想融入史诗人物和故事中。但他们同时又感到社会矛盾和人类关系实在复杂,"正法"也非万能,有时在运用中需要具有非凡的智慧。

无论如何,史诗作者代表着印度古代的有识之士。他们确认"正法、利益、爱欲和解脱"为人生四大目的。他们肯定人类对利益和爱欲的追求,但认为这种追求应该符合正法,而人生的最终目的是追求解脱。他们担忧的是,人类对利益和爱欲的追求一旦失控,就会陷入无休止的争斗,直至自相残杀和自我毁灭,造成像婆罗多族大战这样的悲剧。因此,《摩诃婆罗多》是一部警世之作。它凝聚着沉重的历史经验,饱含印度古代有识之士们对人类生存困境的深刻洞察。自然,他们的"正法"观也具有明显的历史局限。但是,人类自从进入文明社会以来,历经种种社会形态,生存方式并无根本改变。马车变成汽车,依然是车辆;茅屋变成楼房,依然是房屋;弓箭变成导弹,依然是武器;古人变成今人,依然是人。社会不平等依旧,对财富和权力的争夺依旧,恃强凌弱依旧,由利害、得失、祸福和爱憎引起的人的喜怒哀乐依旧,人类面对的社会难题和人生困惑依旧。所以，《摩诃婆罗多》作为一面历史古镜，并没有完全被绿锈覆盖，依然具有鉴古知今的作用。我通过这次翻译工作，对《摩诃婆罗多》这部史诗由衷地生出一份敬畏之心。

如今，我们有了印度两大史诗《摩诃婆罗多》和《罗摩衍那》的汉语全译本，这就为国内学术界提供了研究的方便。新时期以来，国内学者对我国少数民族史诗的研究成绩卓著。译林出版社又出版了一套《世界英雄史诗译丛》，也是对国内学者长期以来翻译世界各民族重要史诗的成果总汇。有感于此，我在为收入《世界英雄史诗译丛》的《罗摩衍那·森林篇》撰写的前言中说道："如果我们能对印度两大史诗、古希腊两大史诗、中国少数民族史诗和世界其他各民族史诗进行综合的和比较的研究，必将加深对人类古代文化的理解，也有助于世界史诗理论的完善和提高。"

我在从事翻译《摩诃婆罗多》的工作中，自然会关注国内学术界有关史诗研究的状况。我发现国内的史诗学理论建设还比较薄弱，尚未对国际史诗学的学术史进行系统的梳理和研究。20世纪著名的帕里和洛德的"口头创作理论"也是最近才得到比较认真的介绍。长期以来，国内学者在运用西方史诗理论概念时，有一定的随意性。而在史诗研究中提出有别于西方理论的某种创新见解时，也不善于与国外史诗进行比较研究，以促进自身理论的通达和完善。这里，可以从"什么是史诗"出发，提出一些值得商讨的问题。

史诗属于叙事文学。叙事文学分成诗体和散文体。史诗采用诗体，属于叙事诗。据此，我们通常把散文体叙事文学排除在史诗之外。史诗的分类也很复杂。国际上有口头史诗和书面史诗的分类，与此相应，有原始史诗和非原始史诗的分类。口头史诗是以口头方式创造和传诵的史诗，如《吉尔伽美什》《伊利亚特》《奥德赛》《摩诃婆罗多》《罗摩衍那》《贝奥武甫》和《罗兰之歌》等。书面史诗是以书面形式创作和传诵的史诗，如维吉尔的《埃涅阿斯纪》、卡蒙斯的《卢济塔尼亚人之歌》、塔索的《被解放的耶路撒冷》和弥尔顿的《失乐园》等。口头史诗本质上是集体创作，经由历代歌人长期传唱，不断加工和改编，最后定型，并以书面形式记载保存下来。书面史诗（或称文学史诗）本质上是个人创作，是诗人采用或模仿史诗形式。因此，口头史诗可以称作原始史诗，而书面史诗可以称作非原始史诗。国内有倾向将中国少数民族三大史诗《格萨尔》《江格尔》和《玛纳斯》称为口头史诗，而将古希腊两大史诗和印度两大史诗称作书面史诗，我以为不妥。应该说，这些都是口头史诗，区别在于中国少数民族三大史诗是"活形态"的口头史诗。实际上，中国少数民族三大史诗现在也正在以书面形式记载保存下来。

帕里和洛德的"口头创作理论"为口头史诗的语言创作特点提供了有效的检测手段。我们在翻译《摩诃婆罗多》的过程中，就发现诗中有大量程式化的词组、语句和场景描写。尽管在字句上并不完全互相重复，但在叙述模式上是一致的，或者说大同小异。这些应该是史诗作者或吟诵者烂熟于心的语汇库藏，出口成章。同时，《摩诃婆罗多》中的一些主要人物都有多种称号，甚至有的人物的称号可以多达十几或二十几种。这些称号有两方面的作用。一方面，这些称号的音节数目不等，长短音配搭不同，这就可以根据需要选用，为调适韵律提供了极大的方便。另一方面，这些称号或点明人物关系，或暗示人物性格和事迹，具有信息符号或密码的作用，能强化史诗作者或吟诵者的记忆，以保持全诗人物性格和故事情节发展的前后连贯一致。这些都是口头史诗明显不同于书面史诗的语言特征。

在史诗的一般定义中，通常都确认史诗是长篇叙事诗。而现在国内有倾向将在题材和内容上与史诗类似的短篇叙事诗也称作史诗。这在理论上能否成立？如果能成立，那么，我们就应该在史诗定义中去掉"长篇"这个限制词，正如在小说的一般定义中无须加上篇幅的限制词。最明显的例子是，在国内一些论著中，将《诗经》中的《生民》《公刘》《绵》《皇矣》《大明》等诗篇确认为史诗。倘若此说能成立，那么，接踵而来的问题是，在中国历代诗歌中，凡是涉及重大历史事件和英雄业绩的诗篇，是否也都能称作史诗？而且，在世界各国古代诗歌中，也有许多这类题材的民歌、民谣和短篇叙事诗，其中有些被吸收进史诗，有些与史诗并行存在，是否也可以一律称作史诗？这关乎世界文学史中文体分类的一个大问题，应当慎重处理。

说到史诗的题材和内容，西方传统的史诗概念主要是指英雄史诗。国内现在一般倾向于分成创世史诗和英雄史诗两类。

创世史诗又进而分成创世神话史诗和创世纪实史诗两类。这主要是依据中国少数民族史诗的状况做出的分类，自有道理。但我们应该注意到，这是对传统史诗概念的延伸。在一定意义上，史诗成了长篇叙事诗的指称。由此，我联想到在印度古代文学中有一类与《摩诃婆罗多》同时发展的神话传说作品，叫作"往世书"，也采用通俗简易的"输洛迦"诗律，总共有十八部。印度古代辞书《长寿字库》（约 7 世纪）将往世书的主题归纳为"五相"：一是，世界的创造；二是，世界毁灭后的再创造；三是，天神和仙人的谱系；四是，各个摩奴时期；五是，帝王谱系。其实，《摩诃婆罗多》中也含有这些主题，但它们交织在主线故事中，并非史诗叙述的主体。所以，同样作为长篇叙事诗，《摩诃婆罗多》的叙述主体是英雄传说，而往世书的叙述主体是神话传说。那么，我们是否也应该将往世书称作神话史诗或创世神话史诗？

　　我的困惑在于，如果我们将史诗概念中的英雄传说扩大到神话传说，长篇扩大到短篇，这是对史诗概念的发展，还是对史诗概念的消解？因此，我迫切感到国内学术界应该加强史诗理论建设。否则，我们在史诗理论的表述和运用中难免互相矛盾，捉襟见肘。中国具有丰富的少数民族史诗资源，而且还保存着许多"活形态"史诗，这些是得天独厚的有利条件。但我们必须重视对国际史诗理论学术史的梳理，同时在对中国少数民族史诗的研究中，必须与对世界各民族史诗的研究结合起来进行。这样，在综合和比较研究的基础上，就能提出带有普遍

意义的理论创见，以充实和完善世界史诗理论。在这个领域，
中国学者大有可为。

十余年中，我将主要精力全部投入了《摩诃婆罗多》的翻
译工作中，对于相关的史诗理论问题无暇进行深入研究。以上
只是提出自己的一些理论困惑，企盼获得解决。学术研究的要
义就是提出问题和解决问题。而我和我的同事们译出了《摩诃
婆罗多》，也就是为国内史诗理论研究增添了一份重要的资料。
每门学科的发展都需要有一批甘愿献身于基础建设的学者。这
里，我又想起丹麦梵文学者泽伦森（1849～1902）花了20年
时间编制《〈摩诃婆罗多〉人名索引》，以致他很晚才获得教授
职称。然而，他却于这部索引开始排印的当年逝世，未及见到
这部厚重的索引（16开本，800多页）面世。但后世从事《摩
诃婆罗多》研究的学者都会感谢他的这部索引的。同样的道理，
我们的这部《摩诃婆罗多》全译本问世后，如果能受到国内印
度学和史诗学学者们的重视和利用，我们十余年耗费的时日和
付出的辛劳，也就得到回报了。

正是在我们翻译《摩诃婆罗多》期间，译林出版社编辑出
版这套《世界英雄史诗译丛》，也收入印度两大史诗。但这两
大史诗篇幅很大，故而采取各选取其中一篇的办法。《摩诃婆罗
多》选取其中的《毗湿摩篇》，因为我的译稿是散文体，便按
照《译丛》统一的体例，改译为诗体。《罗摩衍那》选取其中的
《森林篇》，季羡林先生全权委托我处理，我便为《森林篇》添
加了一些注释，并写了前言。这两个译本出版于1999年。

# 书写材料与中印文学传统

在这十年中，我虽然将主要精力投入了《摩诃婆罗多》翻译，但也根据需要，做过其他一些学术工作。1994 年，中国艺术研究院邀请印度学者与中国学者联合召开中印文学传统研讨会。他们也安排我发言。我以《书写材料与中印文学传统》为题，做了一个发言。因为发言时间有限制，我事先只是列了一个提纲，在会上讲述了论文要点。印度学者对我的发言很感兴趣，希望我提供发言稿。但我表示发言稿尚未成文。此后，我忙于《摩诃婆罗多》翻译，暂时搁下了这个论题。但我念念不忘，几年后，我还是将这个论题写成一篇论文，发表在《外国文学评论》1999 年第 3 期。

这篇论文旨在说明中国和印度都是文明古国，都有悠久的文学传统和丰富的文学遗产，同时，两国古代文学又具有各自的民族特色，文学形态的发展存在明显差异。在形成这种差异的诸多因素中，书写材料的不同也是一个至关重要的因素。

印度古代通行的书写材料是桦树皮和贝叶（即棕榈叶），不易长期保存，因此，印度古代始终保持口耳相传的文化传播方式。印度上古时代的四部吠陀圣典是通过严格的吟诵方式传承的。唐义净在《南海寄归内法传》中明确提到印度婆罗门"所尊典诰，有四薜陀书（即四吠陀）"，"咸悉口相传诵，而不书之于纸叶"。而且，在整个吠陀文献中，找不到任何有关文字书写的知识。在吠陀时期后产生的两大史诗和大小各 18 部往世书，前者是历史传说，后者主要是神话传说，也都是口头创制和传诵的，直到后来基本定型后，才以抄本的方式传承。佛教兴起后，也采取口耳相传的传播方式，这从佛经中的常用语"如实我闻"便可见出。东晋法显在《佛国记》中记载他"本求戒律，而北天竺诸国皆师师口传，无本可写，是以远步，乃至中天竺"。而中天竺"亦皆师师口相传授，不传之于文字"。

而中国古代的书写材料主要是龟甲、兽骨、竹、木和帛等，都适宜长期保存。纸张发明于西汉，自魏晋开始，普遍用作书写材料。纸张的普遍使用，又促进了唐代雕版印刷术的发明。这些都有利于文献的保存。佛经梵语原典在印度本土基本失传，而在中国保存了卷帙浩繁的汉译佛经，就充分说明这一点。

印度古代缺乏既实用又宜于长期保存的书写材料，因而一直保持口耳相传的文化传承方式。这就决定了印度古代口头文学创作——神话传说、史诗和民间故事的异常发达。而中国古代早已具备既实用又宜于长期保存的书写材料，因而一向重视以书写文字为依据的文化传承方式。而中国古人重视书写文字，促成中国古代史学起源较早。《尚书》记载"惟殷先人有册有典"。《礼记》记载"动则左史书之，言则右史书之"。这些说明中国商周时代已有史官。孔子讲授的《春秋》和司马迁编撰的《史记》开创了中国史书编年体和纪传体这两种体例。

中国历代史官仿照《史记》的体例，为后人留下了以《二十四史》为代表的浩瀚的历史文献。这与印度古人为后人留下两大史诗和大小18部往世书形成鲜明对照。印度现代历史学家认为，印度古代史（12 世纪以前）的"主要特点是缺乏任何正规的历史纪年"。因此，我们阅读印度古代文学史，会发现印度古代作家和作品的年代大多是推测性的，倘若能确定在哪个世纪，就算万幸，不敢奢望像中国古代作家和作品的编年大多能精确到年份。

中国古代史学发达，势必抑制神话传说的发展。从中国古籍《山海经》《楚辞》和《淮南子》等可以看出，中国上古神话原本也是绚丽多彩的，各种神话母题大体具备，但没有得到充分发展。儒家"六经"是由孔子整理编定的。孔子是一位历史感极强的人物，重视文献证据。因此，"六经"中保存的神话传说资料十分有限。司马迁继承了孔子的史学观念，他在《史记》中也采入了一些神话传说，但坚持依据"六经"梳理神话传说。他指出"言九州山川，《尚书》近之矣。至《禹本纪》、《山海经》所有怪物，余不敢言之也"。

中国古代史学发达，也注定史诗难以产生。与印度文化史类比，中国的周代和春秋战国是应该产生史诗的时代。《诗经》中也有不少诗篇记叙从后稷出世到武王灭商以及宣王征伐四夷而中兴的传说和史迹，原本是英雄史诗的绝好素材，但终究没有发展成史诗，因为春秋战国时代标志着中国神话传说时代的结束。孟子有"诗亡然后春秋作"之说，这里的"诗"可以理解为诗和史浑然不分的史前诗或史前史。这样，孟子此说可理解为神话传说的消亡和史学的兴起。

中国古代没有产生史诗，从文学形式继承发展的角度看，造成中国古代缺乏长篇叙事诗。印度古代文学从史诗时期进入古典梵语文学时期后，产生长篇叙事诗。此后，又在长篇叙事诗和民间故事文学基础上，产生长篇小说。中国古代具有虚构性质的叙事文学的充分发展，是在佛教传入中国之后。汉译佛经《佛所行赞》、《普曜经》和《方广大庄严经》这样的长篇叙事文学是中国前所未有的。而且，佛经的文体适应口耳相传，大多采用韵散杂糅体或韵文体，语言通俗。这也促进中国古代白话文和白话文学的发展。

唐代出现的变文是一种韵散杂糅的民间说唱文学体裁，采用佛经的叙事方式，主要用于讲述佛经故事，宣传佛教教义。后来，也用于讲述中国历史故事。由唐代变文发展成宋元话本，由宋元话本发展成明清长篇小说。明清长篇小说如《西游记》《三国演义》《水浒传》《红楼梦》乃至近代章回体长篇小说中，保持着散文叙述中夹杂一些诗词歌赋，也就是保留着唐代变文韵散杂糅的原始特征。

佛经对中国古代叙事文学的影响并不局限于文体形式，佛经中的神话观念激发了中国古代文人的艺术想象力。如果没有佛教传入中国，不可能出现像《西游记》这样的神话小说。佛经中习见的因果报应、轮回转生和化身下凡等观念也给中国古代叙事文学的主题和情节烙上深深的印记。这些都是值得我们深入探讨和研究的。

# 撰写《季羡林治学录》

在此期间，江西教育出版社策划编辑《季羡林文集》，我和郭良鋆也担任编委，负责校阅其中的《罗摩衍那》。我俩仔细通读全诗译文，改正以往排印中出现的错别字。尤其是书中注释部分出现的一些梵文字母错误，都依据《罗摩衍那》原著作了改正。这套 24 卷的《季羡林文集》出版于 1998 年。

中国社会科学院科研局编辑《中国社会科学院学者文选》，其中的《季羡林集》委托我编选。我拟出选目后，寄给季先生过目。季先生回信说选目"拟得很好"，其他事宜都由我处理。这样，我帮助季先生做了校对工作，编了季先生主要著作目录和年表，并写了一篇编者的话。这部《季羡林文选》出版于 2000 年。

中国社会科学院科研局编辑《中国社会科学院学术大师治学录》（出版于 1999 年），其中的《季羡林治学录》委托我撰写。我介绍了季先生一生的治学历程和成就。季先生 1911 年出生在山东省清平县的一个贫困农民家庭。中学时代喜爱文学，1930 年考入清华大学，就读西洋文学系，专修方向是德语。1935 年赴德国哥廷根大学学习梵语、巴利语和吐火罗语，主攻佛教混合梵语，于 1941 年获得博士学位。第二次世界大战期间被迫滞留德国，在恶劣的战争环境中，依然专心从事佛典语言研究。诚如他后来在《印度古代语言论集》前言中所说："机声隆隆，饥肠雷鸣，人命危浅，朝不虑夕。然而我却是积稿盈案，乐此不疲，开电灯以继晷，恒兀兀以穷年。稍有所获，则拍案叫绝。此中情

趣，诚不足为外人道也。"1945 年大战结束，他立即辗转取道回
国。次年，他任北京大学教授，创建东方语文系。他利用掌握的
多种古代语言为工具，着重研究佛教史和中印文化关系史，发表
了多篇富有创见的学术论文，如《浮屠与佛》和《论梵文妙法莲
华经》等。在中印文化交流方面，以往国内外学者大多偏重研究
佛教对中国文化的影响，甚至有学者据此认为中印文化交流是
"单向贸易"。而季先生认为这不符合历史实际。因此，季先生
在研究中，一方面重视佛教对中国文化的影响，另一方面着力探
讨为前人所忽视的中国文化输入印度的问题。他先后写了有关中
国纸张、造纸法和蚕丝输入印度的论文，出版《中印文化关系史
论丛》。同时，季先生兼治梵语文学，翻译出版寓言故事集《五
卷书》、戏剧《沙恭达罗》和《优哩婆湿》等，并发表有关梵语
文学的研究论文。"文革"后期，又暗自翻译史诗《罗摩衍那》，
"文革"结束后继续译完而出版，并撰写专著《罗摩衍那初探》。
1978 年，他恢复东语系主任职务，随即又担任北大副校长。20
世纪 80 年代，季先生进入古稀之年，但他的学术生命仿佛进入
了黄金时期。尽管行政事务和社会活动缠身，他依然故我，"咬
定青山不放松"，抓紧一切可以利用的时间，潜心研究，勤奋写
作，学术成果犹如高产油井的石油喷涌而出。他继续从事佛典语
言和佛教史研究，出版《原始佛教的语言问题》和《佛教与中
印文化交流》，并主持《大唐西域记》校注，译释吐火罗语剧本
《弥勒会见记》，撰写《中印文化交流史》和《糖史》等。而且，
他还抽空写了大量情文并茂的散文。

　　我在文章最后总结说："季羡林自 1946 年从德国回国，受聘北京大学，创建东方语文系，开拓东方学园地。50 多年如一日，他每天天不亮就起身，争分夺秒，勤奋治学，在佛典语言、中印文化关系史、佛教史、印度史、印度文学和比较文学等研究领域创获良多，著作等身，成为享誉海内外的东方学大师。同时，在他的倡导、培植和促进下，国内东方学也已成为一门颇有实力的学科，教学和研究队伍蔚为壮观。中国东方学有季羡林这样一位学术大师，实为中国东方学之福祉。"后来，《光明日报》以《享誉海内外的东方学大师——季羡林》为标题，摘要转载了我的这篇文章。

　　郭良鋆在参加《摩诃婆罗多》翻译的同时，继续从事巴利语佛教研究。在陆续发表一些论文后，她撰写专著《佛陀和原始佛教思想》。我对这个研究课题也怀有浓厚兴趣，因此，在她的写作过程中，我也经常阅读相关资料，与她讨论问题。这样，她完成了这个研究课题，我也收益颇多。《佛陀和原始佛教思想》依据巴利语三藏原典，提供了最接近原始面目的佛陀生平传记和原始佛教思想。这部著作于 1997 年由中国社会科学出版社出版。可以说，它是国内第一部直接利用巴利语文献

2005 年黄宝生探望季羡林先生

资料撰写的佛教研究著作，具有学术开创意义。

1998 年，外文所领导班子换届，院领导任命我为所长。自从我于 1990 年向院领导要求辞去副所长未获准后，我已打消辞去领导职务的念头。只要院领导和所内群众信任我，我也就当到最后卸任吧。虽然杨绛先生对我说过："你最好不要去当领导，多做些学问。"但我心里明白当上领导后，再要退下来也不是很容易。这样，我要求自己务必尽到所长的职责，同时也抓紧时间，不放松自己的专业研究。

外文所有两个刊物《外国文学评论》和《世界文学》。《外国文学评论》按照惯例，由所长担任主编，而我决定让原副主编盛宁担任主编，因为他是英美文学专家，多年在编辑部工作，业务熟悉，完全能胜任主编。而《世界文学》前三任主编高莽、李文俊和金志平原本都是编辑部资深编辑，都因到达退休年龄而卸任。这样，编辑部暂时出现青黄不接的情况。于是，由我兼任主编，这样我就得具体参与编务工作。到了 2002 年，我觉得副主编余中先已经成熟，就让他担任主编。我的想法是尽量不要让自己挂主编的空名，而让有才能者充分发挥潜力，工作也就会做得更好。

## 担任外国文学学会会长

1999 年，中国外国文学学会召开第六届年会。学会领导班子也进行了换届，由我担任会长。原先第一任会长是冯至先生，第二任会长是季羡林先生。因为学会挂靠在外文所，许多具体事务都需要外文所科研处和办公室协助处理，由外文所所长担任会长，副所长担任秘书长，学会活动的运作方便一些。我此前担任外文所副所长时，就一直担任秘书长，此后则由副所长陈众议担任秘书长。

这届年会在上海召开。我在开幕词中首先指出自近代以来，上海一直是中国翻译和研究外国文学的重镇。这里有国内最早成立的翻译出版机构，有鲁迅先生创办的《译文》杂志，有郑振铎主编的第一套大型中外文学名著丛书《世界文库》。我也回顾了学会成立以来的工作成绩。而我着重指出，中国现在实行社会主义市场经济，加速现代化进程。毫无疑问，社会经济的发展必将促进文化事业的繁荣。但也必须看到，在市场经济的运作中，容易重视物质而轻视精神，崇拜金钱而忽略道德，从而影响人文科学的健康发展。这就要求我们人文工作者保持清醒的头脑，发扬献身学术的崇高精神，坚忍不拔，宠辱不惊，尽心竭力，为我国的社会主义精神文明建设作出我们应有的贡献。我们外国文学工作者从事的是为中外文学交流架设桥梁的工作，我们架设的桥梁应该都是优质工程。我们的外国文学翻译工作首先选材要精，同时要保证翻译质量，一定要把文学翻译当作一门艺术来对待。我们的外国文学研究工作还要加强研究的深度和广度，要注重发掘和占有材料，注重学术创造性。我们还要在外国文学研究中，努力融入中国的文学经验和文化智慧，这样也能为世界文学作出我们中国学者的独特贡献。在这世纪之交，我们的祖国充满活力和希望。我们外国文学工作者在迈向 21 世纪的进程中，应该把我们外国文学领域中的各项工作做得更出色，为我国的社会主义文学事业提供更多的借鉴，为我国的社会主义精神文明建设作出更多的贡献。

在外国文学学会第六届年会上发言

新世纪：秋天的收获

# 迎接新世纪

2000 年，我为《世界文学》第 1 期写了一篇主编寄语，代表编辑部同仁表达《世界文学》在新世纪继续坚持的办刊理念。全文如下：

以一世纪为一百年计算，21 世纪应该始于 2001 年。而我们现在都将 2000 年作为 21 世纪的起点，表明我们急于告别世纪末，进入新世纪的意愿。这也可以说是采用了按照主观感情安排世界的文学笔法。

《世界文学》的前身是鲁迅先生 30 年代创办的《译文》，于 1953 年复刊，1959 年改名为《世界文学》。几十年来，《世界文学》秉承鲁迅先生的"拿来主义"，尽职尽责，翻译介绍世界各国优秀文学作品，为繁荣和发展我国的社会主义文学事业提供借鉴。无论社会时尚怎样变化，文学地位忽升忽降，我们一如既往，矢志不渝。我们坚信，文学适应人类的精神需求和审美需求，维系着人类文明。

在新的岁月中，我们仍将坚持全方位翻译介绍世界文学优秀作品。世界文学浩如烟海，《世界文学》容量有限。但一滴水珠也能折射太阳的灿烂光辉，这就考验我们的选材眼光。我们希望我们的选材能体现文学的"经典性"，也就是在各国文学史上能占据一定地位的作家和作品。注重现代文学和大国文学，也不忽视古典文学和小国文学。文学体裁也不局限于小说，要兼顾散文、诗歌和戏剧。还要努力办好评论性专栏，追踪外国文学最新发展动态，并保持与中国当代作家的紧密联系。在保证译文质量和编校质量的同时，也要在装帧和插图上多下功夫，以提高刊物的整体艺术品位。我们的目标是将《世界文学》办成一个精品文学刊物，一座微缩的世界文学花园。

祝愿我们的刊物无愧于21世纪。

2000年3月，浙江文艺出版社在外文所举行《世界经典戏剧全集》出版座谈会。这套《全集》共13卷20册，1200万字，汇集世界各国享有经典地位的戏剧汉译本，主要依托外文所的研究力量编成，主编由俄罗斯戏剧研究专家童道明担任。我也担任其中印度梵语戏剧的编选工作。梵语戏剧收入季羡林先生翻译的迦梨陀娑《沙恭达罗》和《优哩婆湿》，吴晓铃先生翻译的戒日王《龙喜记》，我补译了一部早期梵语戏剧代表作，即跋娑《惊梦记》。

# 金克木先生的梵学成就

我在《外国文学评论》2000年第3期发表《金克木先生的梵学成就——读〈梵竺庐集〉》一文。1999年，江西教育出版社出版了金先生的文集《梵竺庐集》（三卷）。金先生在晚年，以学术随笔蜚声国内。在金先生的笔下，古今中外、文史哲经、旧学新知，无不得心应手，触类旁通，挥洒自如。他的随笔频频出现在报章杂志上，多家出版社竞相结集出版。而我收到

《梵竺庐集》后，便想写一篇文章，向学术界介绍金先生的梵学成就，因为此前国内还没有这样的文章。而且，2000 年恰逢金先生 88 周年诞辰，我也可以以此文向恩师略表心意。

金先生于 1941 年前往印度加尔各答任中文《印度日报》编辑。在此期间，他学习印度现代语言印地语。而金先生自少年时代就养成好学深思的习性，凡事喜欢"由今溯古，追本求源"，又开始自学印度古代语言梵语。不久，他前往印度贝拿勒斯佛教圣地鹿野苑，一面跟随印度著名学者憍赏弥学习梵语和巴利语，一面钻研佛学，阅读汉译佛典。此后，他又跟随迦叶波法师学习印度教哲学经典《奥义书》，并利用汉译佛经协助戈克雷教授校勘梵语佛经《阿毗达磨集论》。从此，金先生走上梵学研究之路。

1946 年回国后，任武汉大学哲学系教授，教印度哲学史。1948 年任北京大学东语系教授，与季羡林先生一起开拓梵学研究领域，终于使中国的梵学研究成为名副其实的印度学研究。金先生在梵学研究中作出多方面开创性贡献。1964 年出版的《梵语文学史》是中国梵语文学研究的奠基作。这部著作努力运用唯物史观点考察梵语文学的发展，对作家和作品的分析采取"历史和美学"相结合的文学批评方法。联系到五六十年代中国学者撰写的外国文学史屈指可数，更显出这部《梵语文学史》的难能可贵。1980 年出版的《印度古代文艺理论文选》是首次向中国学术界介绍自成体系的印度古代文艺理论，开创了国内梵语诗学研究的先河。

金先生的梵语文学翻译以诗歌为主，出版的译作有《印度古诗选译》、迦梨陀娑的《云使》和伐致呵利的《三百咏》。《印度古诗选译》是提供梵语诗歌各种类型样品，如吠陀诗、史诗、格言诗和抒情诗，尝鼎一脔。《云使》是抒情长诗，代表梵语抒情诗艺术的最高成就。伐致呵利的《三百咏》分作世道百咏、艳情百咏和离欲百咏。这是梵语"百咏体"诗歌中传诵最广的一部集子。金先生是译诗高手，这也不奇怪，因为金先生本人就是诗人，1936 年就出版了新诗集《蝙蝠集》，后又出版新诗集《雨雪集》，晚年又出版了新诗和旧诗合集《挂剑空垄》。我曾对照梵语原文读过《云使》译本，对金先生的翻译艺术由衷钦佩。这个译本可以列为中国现代翻译史上的典范译品之一。我总惋惜金先生翻译的梵语诗歌不够多。梵语诗库中的一些珍品，唯有金先生这样的译笔才能胜任，也不至于辜负印度古代诗人的智慧和才华。

《梵语语法〈波你尼经〉概述》详细介绍了这部享誉世界语言学界的印度古代梵语语法著作的体例及其构建的语法体系。同时，他指出印度古人重语音，中国古人重文字，"一个是以声音为主的词语网络系统，一个是以形象为主的文字网络系统"。他还精辟地提示我们，这不仅是语言学问题，也是语言哲学问题，以及连贯下来的思想文化问题。

《〈吠檀多精髓〉译述》介绍印度古代重要的哲学派别吠檀多，也介绍印度哲学的概况，并从三方面阐明印度古人"重修行亲证"的思想特色："一是修行以解脱为最上目标，二是解脱是超出生死轮回，三是轮回原于业报。"据此，我们得以理解"如此哲学化的宗教以及如此宗教化的哲学也正是印度思想的特色"。

"文革"后，金先生侧重中印古代宗教、哲学和文化的比较研究，出版有《印度文化论集》和《比较文化论集》。他也写了一组有关佛学研究的文章，总题目是"佛学谈原"，提出事关当代中国佛学研究的重大问题，也就是应该加强对佛经梵语原典的研究。唯有追究原本，才能加深对汉文佛经的理解。同时，在准确理解文本的基础上，才能比较容易用现代思想和语言做出解说。

《梵竺庐集》为我们留下了一份宝贵的梵学遗产。金先生一生的主要职业是教师，从小学教师、中学教师直至大学教授。他擅长授业解惑，指点门径。他的研究论著也有激发后来者参与研究的魅力，无形中起到"传薪火"的作用。因而，《梵竺庐集》的意义不仅在于它对中国梵学作出了开拓性的贡献，更在于它对中国梵学的发展将会产生久远而深刻的积极影响。

以上就是我这篇文章的要点。就在我的这篇文章写成之时，突然听到金先生病危的消息，我便带着这篇文章的打印稿，与郭良鋆一起赶往医院看望金先生。金先生当时躺卧床上，正在打吊针。我们向先生的女儿了解先生的病情后，为了不打扰先生休息，向先生说了几句安慰话就告辞。临走时，我们将这篇文章交给先生。先生看了看标题，说了声"好"。不料，过了几个星期，我们听到了先生去世的噩耗。回想先生几十年来对我们的恩泽，思绪起伏，难以平静。事后，先生的女儿告诉我们，那天先生精神好了一点后，就亲自看完这篇文章，还风趣地说："他是在吹捧我哟，学生吹捧老师嘛，也是常理。"后来，《北京大学学报》也转载了我的这篇文章，借以表示对金先生的深切悼念。

# 冯至和卞之琳先生的学术风范

2000 年 9 月，外文所举行冯至先生诞辰九十五周年暨《冯至全集》出版座谈会，我作了发言。首先回顾冯先生自 1964 年担任外文所所长以来，对外文所的学术建设以及全国的外国文学工作的繁荣发展作出了不可磨灭的贡献，值得我们永远怀念，永远铭记在心。尽管长期以来各种行政工作占用了他的许多宝贵时间，但他还是凭他的学术积累，凭他的才华，凭他的勤奋，为我们留下了大量著作，这十二卷的《冯至全集》就是令人惊叹的明证。

从我与冯先生的长期接触中，深感先生是一个非常谦虚的人，虚怀若谷，永不自我满足。在文学创作和学术研究中，对自己一向要求很高，以至有时候他会说自己不是学者，甚至还说自己不敢以诗人自居。鲁迅曾称赞他是中国最杰出的抒情诗人，毛主席也曾肯定他的《杜甫传》。但他自己从不主动提及这些事，永不张扬自己，总是对自己不满意，而是朝着更高的目标，不断进取。这也是他获得学术成就的重要原因。

　　冯先生集诗人、翻译家和学者于一身。他的文学创作是多方面的，诗歌、散文和小说。文学翻译也是多方面的，诗歌、散文、小说和文艺理论。他的文学研究也是既研究德国文学，也研究中国文学，以歌德研究和杜甫研究为代表。他的学术研究特色是具有学者的头脑和诗人的心。学者的头脑是科学的、逻辑的和历史的，诗人的心是真诚的和热情的。因此，他的论文既有理论说服力，又有文学感染力。

　　在《冯至全集》中，有一篇《关于调整大学中文外文二系机构的一点意见》，主要意思就是要努力促使教学机构适应培养学贯中西的学术人才。要提高我们外文所，乃至中国的文学研究学术水平，必须高度重视冯先生这个真知灼见。我们外文所在今后的工作中，应该努力继承和发扬以冯至先生为代表的老一辈学者学贯中西的优秀传统。

　　2000 年 12 月，外文所举行卞之琳先生追思会暨学术研讨会。卞先生 1910 年出生于江苏海门，毕业于北京大学英语系。他也是外文所以及它的前身文学所的元老。他的方言口音很重，所里许多同事听他说话，觉得不能全听懂，而我都能听懂。他于 2000 年去世，安徽教育出版社为他出版了《卞之琳文集》（三卷）和《卞之琳译文集》（三卷）。

　　我在研讨会上作了发言，指出卞之琳先生的一生几乎经历了整个 20 世纪，从世纪初叶走到世纪终点。他的思想理念始终追求进步，年青时代面对国家的衰弱，他充满忧思，在诗歌创作中经常传达出迷茫和惆怅的感情，也表达对底层民众的深切同情。抗日战争开始后，在爱国心和正义感的驱动下，他前往抗日根据地延安访问，创作了《慰劳信集》。新中国成立后，依然努力适应新社会，尝试用新诗反映新生活。卞先生的诗歌创作已经在中国新诗发展史上确立了不朽的地位。诚如冯至先生在祝贺卞先生八十寿辰时赠给卞先生的一首诗中写道：

> 不必独上高楼，翻阅现代文学史，
>
> 这星座不显赫，却含蓄着独特光辉。

卞先生对诗歌艺术的表现形式特别敏感。在诗歌创作中始终注重"意境"，注重语言的精炼、含蓄和丰富，认为这是古今中外诗艺相通之处。他强调"化古"和"化欧"，并认为"文学具有民族风格才有世界意义"。他对新诗的形式进行过多种实验和探索，尤其钟情于建立以顿（或音组）为基本因素的现代汉语新格律诗体，在理论上和实践上都为之付出了心血，作出了贡献。

卞先生也将他的新格律诗体运用于外国诗歌和莎士比亚诗剧的翻译中。他对文学翻译的一贯主张是"尽可能在内容与形式上忠于原作，实际上就是在本国语言里相当于原作"。他的《莎士比亚悲剧四种》译本的完成前后经历了30余年，以新格律诗体移植莎士比亚的素体诗，呕心沥血，精益求精。这部译本问世后，得到国内许多英语文学专家好评。而卞先生本人也强调不能以"少量译本一统天下"，而应该"多色多样，齐头并进"。

在卞先生的晚年，我们有时去看望他，他的话题始终不离诗和文学，永远保持着诗人和学者的本色。我们在外文所，能亲身受到像卞先生这样的老一辈学者的精神熏陶，也是我们人生中的幸运。

## 我的同学蒋忠新

我的大学同班同学蒋忠新于 2002 年去世。我在前面谈到他在我们班上梵文学习成绩名列前茅。"文革"后，他着手翻译印度古代婆罗门教经典《摩奴法论》。这是印度古代最著名的一部关于种姓制社会的法律和伦理规范经典，内容涉及宗教、礼仪、习俗、律法、教育、政治、经济、军事和外交等，是研究印度古代社会的必读文献。这部译著于 1986 年由中国社会科学出版社出版。在这期间，蒋忠新受季羡林先生委托，在北大东语系开设梵文课，直至 1985 年年底，因病授课中断，由郭良鋆接替。

蒋忠新得的病是脊椎炎。此后，他主要从事梵文《妙法莲华经》抄本的转写工作，于 1988 年出版《民族文化宫图书馆藏梵文〈妙法莲华经〉写本（拉丁字母转写本）》。蒋忠新的这部著作虽然称为"转写本"，但他参照国外四种梵文《妙法莲华经》编订本，做了细致认真的校勘工作，体现在详尽的校注中。而且，梵本《妙法莲华经》中含有较多的混合梵语语法形态，他也努力标注它们的正规形式。此后，他又完成了收藏在西藏布达拉宫和罗布林卡的三部梵文《妙法莲华经》写本的转写工作，然而是在他去世之后出版的。此外，他还发表有《旅顺博物馆藏〈法华经〉残片》的转写本。他总结自己多年从事整理《妙法莲华经》抄本的经验，写有《关于梵文〈法华经〉文本的若干问题》一文，其中提出编订梵文《妙法莲华经》精校本的设想。他将现存抄本分为三类：尼泊尔抄本（西藏地区抄本也属于这一类）、克什米尔抄本和中亚抄本。其中，中亚抄本均为残本。尼泊尔抄本和克什米尔抄本属于同一传本，而克什米尔抄本比尼泊尔抄本古老。因此，他主张首先以克什米尔抄本为底本，尼泊尔抄本为参校本，校完后，若是克什米尔抄本有缺失的部分，则选择一个尼泊尔抄本为底本，其他尼泊尔抄本为参校本，这样，便能编出一个精校本。可惜，他于 2002 年逝世，享年 60 岁。虽然他的梵文功底扎实，但要知道，上述这些著作是他长期忍受病痛折磨下完成的，可谓是呕心沥血之作。他曾经在电话里对我说："有时疼痛难以忍受，简直想从楼上阳台跳下去。"若不是病魔过早夺走他的生命，他完全能胜任这项编订梵文《妙法莲华经》精校本的工作。确实，我们应该永远铭记中国现代梵学史上这位可敬的梵文学者。

## 在院工作会议上建言

在李铁映担任院长期间，多次召开院暑期工作会议。在工作会议上，各所主要领导都要做好准备，在大会或分组会上发言，对院所工作提出建设性意见。我在 2001 年的院暑期工作会议的大会上，作了一个发言，题为《人才问题，迫在眉睫》，摘要如下：

近几年，我最忧虑的问题是人才问题。研究所的学术优势归根结底是人才优势。自从清华和北大实施岗位津贴政策，国内各大学也纷纷效仿，我们社科院的人才竞争力也就降到了历史最低点。

五六十年代，社科院各研究所调集国内各学科的一些知名专家，选拔国内各大学文科的优秀毕业生。进入新时期后，各大学文科优秀毕业生，留学归国的博士，凡有志于从事研究工作的，首选单位也是社科院。

而这些年，我们的人才优势明显减弱。随着老一代专家相继退休，人才青黄不接的现象日益严重。我们外文所的专业语种已由七八十年代的 20 多种缩减到现在的十几种。小语种尤其后继乏人，原有的东欧文学研究室已经自动消亡，东方文学研究室也岌岌可危，而英、法、德、俄等大语种，在吸纳优秀人才方面，也很难与大学竞争。屡屡出现我们已经谈妥准备接受的青年人才，结果流向大学。现在，我们外文所就靠新时期入所的一批中青年骨干力量支撑着。

迅速提高社科院的人才竞争力已是当务之急。如果不能源源不断补充第一流的学术人才，形成坚强的学术梯队，社科院今后怎么能保持学术优势？怎么能保持中国最高人文社会科学研究机构的称号？如果不能保持这种优势和称号，社科院存在的价值何在？

或许有人认为社科院垮了也没什么。甚至也有人指称社科院是"苏联模式"，似乎应该撤销。我认为这些是错误的观点。中国古代就有翰林（学士）院，新中国成立以前也有中央研究院。新中国成立以后，在党中央和国务院的领导下，中国社科院已经存在了几十年，积累了丰富的学术资源和优良的学术传统。它在中国人文社会科学事业中的地位、功能和作用，是国内任何大学不能取代的。现在，我们建设中国特色社会主义，强调物质和精神两个文明建设。我认为在中国社会主义文明建设中，办好中国社科院的重要性，不亚于中国社会主义经济建设中的"三峡"工程。我相信党中央会重视中国社科院的建设和发展，作为国家的一项重要决策认真对待。无论如何，社科院的发展现在处在一个关键时刻，从长远考虑，中央必须认真研究一次社科院的问题。

以上忧虑和建议决非出于个人的利益考虑，因为我本人已接近退休年龄。这一辈子在社科院工作，深切体会社科院在中国人文社会科学事业中的重要性，而科研人员只要有才能，都能在这里得到最充分的发挥。我真心盼望社科院兴旺发达，一代更比一代强，在新世纪中随着中国的经济腾飞，在中国的人文社会科学各个领域中展现辉煌。

铁映院长听了我的发言，会后问我："我院的人才问题真有你说的那么严重吗？"我回答说："我们是在基层工作的，我说的是所里的实际情况。"会后，也有不相识的兄弟单位的干部对我说："你在大会上说的全是真话。"其实，在会议期间，在大小会上谈到人才问题的发言也不止我一个。后来，院领导确实也重视这个问题，在第二年，院人事局提出了一个《中国社会科学院人才工程设想》的报告。

在 2002 年的院暑期工作会议上，我又作了一个题为《以研究为主，以提高为主》的发言。摘要如下：

我担任外文所的领导工作已有十多年，主要分管科研工作。长期以来，我一直坚持贯彻我们所既定的"以研究为主，以提高为主，出成果，出人才"的科研方针。

我认为"以研究为主，以提高为主"的科研方针符合我们所作为中国社科院的研究所的学术定位。我们的研究成果不以学术普及著作为主，不以学术教科书为主。教科书一般是综合国内外既有的学术成果，学术普及著作则是普及既有的学术成果。我们的研究是提供新成果，为提高国内的学科水平作贡献。这就要求我们所的研究以提高为主，研究人员必须具备学术创新意识和能力，学术成果应该不同程度地提供新材料、创见或新意，推动学术进步。

我们所经常与大学教授外国文学的老师打交道。我们发现有些教师编写外国文学教材，善于吸收和综合国内既有的研究成果，包括我们所的研究成果。因此，他们一般很尊重，也很感激我们所的研究人员。因为他们平时承担着繁重的教学任务，不可能像我们这样集中时间和精力从事研究工作。教学和研究既是一种社会分工，也是一种学术分工，各有所长，各有所用。我们所能不断向学术界提供研究新成果，也就尽到了我们的学术使命和职责。

学术创新并非易事，要付出艰辛的劳动。首先要充分了解前人的研究成果；其次，要充分占有原始材料，并努力发掘新材料，在此基础上爬梳考辨，深入研究和思考，或归纳，或演绎，提出独到的、创造性的学术见解。学术的进步是循序渐进的，学术创新也是或大或小，逐步积累的。如果为创新而创新，不注意收集资料，或不认真鉴别资料，误读资料，或依据片面的资料，乃至凭空臆想，发为高论，哗众取宠，那是极不严肃的学风。这种貌似"创新"的论文往往误导读者而经不起检验。而学者对这种论文进行辩驳，也要耗费宝贵的时间。

总之，以研究为主，以提高为主，出优秀成果，出优秀人才，是我们所作为中国社科院的研究所的学术定位，也是我们所的学术命脉所在，是我们所的价值所在，也是我们所对国内学术界的贡献所在。

以上两个发言代表了我长期担任研究所领导所坚持的学术理念。如今我已退下所领导岗位十多年，但我对社科院和我们所始终怀抱着这样的理想和信念。

中国大百科全书出版社在 2002 年启动《中国大百科全书》第二版，聘请我担任外国文学学科副主编，主编是季羡林先生。大百科全书是国家文化工程，因此我必须承担起责任。这工作自然也是主要依托外文所和北京大学的外国文学研究力量，我要负责组织和协调，也要审读我具体分管的条目稿件。

# 外国文学学会第七和第八届年会

2002 年 11 月，中国外国文学学会在武汉召开第七届年会，会议主题是"二十世纪外国文学反思"。我在"开幕词"中指出，20 世纪是人类历史上科学技术突飞猛进和社会变化深刻剧烈的世纪。20 世纪外国文学在 19 世纪浪漫主义和现实主义思潮基础上，又出现强大的现代主义和后现代主义思潮。各种文学思潮或文学创作方法，又与各种社会制度、政治思潮、哲学观念和民族文化传统交融在一起，呈现出绚烂多彩的文学景象。而且，20 世纪各国文学之间的交流和影响，其速度之快和地域之广也是前所未有。世界各国作家和批评家对文学现象的共同关注点也越来越多。因此，20 世纪的世界文学比以往任何时代的文学都接近"世界文学"的概念。

与 20 世纪文学景象的绚烂多彩相匹配，20 世纪文学批评也是流派纷呈，被学术界称为"批评的世纪"。这些批评流派无论采取人文主义立场还是科学主义立场，都以某个角度切入文学，加深对文学现象和本质的认识。在我国新时期，对这些批评流派做了大量的翻译、介绍和研究，从历史补课迅速达到共时同步，对国内文学理论界产生重大冲击，以致引发国内文学理论界质疑现代中国文学批评是否患有"失语症"？其实，我国新时期是对 20 世纪外国文学批评全面引进和批判吸收的时期，也是中国传统文学批评全面开发和深入研究的时期。经过这样一个知己知彼的理论准备阶段，想必从 21 世纪开始，中国的文学批评会进入一个融会贯通和综合创新的时期，而逐渐成为世界文学批评潮流中一股重要的源头活水。

我还强调对于一个从事外国文学研究的学者，知识和学养的要求其实是很高的。既要熟练掌握外文和中文，通晓外国文学和中国文学，又要具备扎实的理论功底和广博的历史文化知识。就当前的一般情况而言，我们在提高外国语言和文学专业水平的同时，要特别注意提高中国语言和文学的修养。因为作为中国学者，应该善于利用中国丰富的文学资源和文化智慧，体现中国学者在外国文学研究中的自主性和创造性，在世界文坛上发出中国学者的声音，对世界文学作出建设性的贡献。

2004 年 11 月，中国外国文学学会在长沙召开第八届年会。会议主题一是外国文学现状和趋势，二是现代化进程中的文学。我在开幕词中指出文学研究从来是多方位的，包括语言艺术、形式技巧、作家、读者、社会、历史、宗教、伦理和心理等。但从社会接受的角度看，更受关注的是社会价值和审美作用。因此，我们经常见到的是社会历史批评和艺术审美批评相结合的文学批评。文学如果不想自我封闭，蜷缩在"象牙塔"中，就必须与社会现实保持密切的联系，血肉相连，心心相印。

我也针对当时文学理论界有"文学死了""文学理论死了"

的说法，指出这显然是在商品经济中，面对文学创作受到挤压，一些理论家做出的过度反应。其实，文学的生命力不至于如此脆弱。文学是人类文明的组成部分，始终伴随着人类文明的起源和发展。人类把握现实的方式多种多样，文学以艺术方式把握现实。它既像哲学和科学一样对现实有认识作用，同时又有审美作用和娱乐作用。文学体现的人文精神和审美理想是人类文明不可或缺的，纵然它在历史的长河中，在不同民族的不同时期，繁荣的程度和艺术的高下会有差异，但绝不会命殒气绝，宣告死亡。再说，即使文学受到挤压，也并非就是坏事，"诗可以怨"，也许由此能产生更优美的文学。

文学不会死亡，文学理论自然也就不会死亡。与"文学与文学理论死亡论"相关联，还有一种"文化研究取代文学研究论"。如果这里所说的文化研究是指对文学进行文化研究，那么，这样的研究早已有之。而在历久不衰的文学多方位研究中，并没有哪一种方位的研究能取代其他方位的研究。另外，用文化研究直接指称文学的文化研究也容易引起误解，因为毕竟是两种不同的概念。其实，文化研究可以大力提倡，对文学的文化研究也可以大力提倡，而没有必要为此提出"文化研究取代文学研究"之类的口号。

文学的多方位研究中，无论对历史的发掘，还是对现状的探索，都没有止境。而且，各种方位的研究不能互相隔绝，都应该在整体观照下进行，以免陷入片面性。文学需要多方位、多侧面或多视角的研究，也需要融会贯通的综合研究。文学本身包含审美享受，但要取得任何创造性的研究成果，都必须付出艰辛的努力。每个文学研究工作者对此都会有深切的体会。

## 外文所建所四十周年

2004 年，外文所召开建所 40 周年纪念会，同时还举办了外文所 40 年成果展。我在纪念会上作了发言，指出"优秀的人才，优良的学风，优质的成果"一直是我们外文所追求的学术目标。学术传统似乎是无形的，但它富有生命活力，流淌在外文所一代又一代学者的血液中。外文所学术传统的开创者是老一辈的学者们，我简要回顾了已故的冯至、卞之琳、李健吾、罗大冈、罗念生、戈宝权等先生以及健在的杨绛和袁可嘉先生的学术成就，是他们为后来的一代代青年学者树立了榜样和努力目标。我也回顾了"文革"后外文所各研究室和编辑部取得的丰硕成果。最后我谈到我本人是"文革"前最后进入外文所的一批青年人中年龄最小的一个，而现在也到了退休年龄。今后外文所全部是"文革"后进所的新一代研究人员了。因此，我衷心希望今后的外文所能继承和发扬外文所的学术传统，努力保持外文所在国内的外国文学领域中应有的学术地位，为中国的外国文学研究事业作出更大的贡献。

这次纪念会中，令我感动的是袁可嘉先生从美国远道赶来参会。袁先生在外文所老一辈学者中算是年轻的。而他也是诗

人、翻译家和学者集于一身，是外文所学术传统的代表。我在
北大读书时，就读过他翻译的《彭斯诗抄》。我知道他是诗人，
诗人翻译诗歌，诗的味道都能翻出来。"文革"后，他编的那套
《外国现代派作品选》在国内学术界和文学界产生很大影响。他
撰写的专著《欧美现代派文学概论》也是扎扎实实，学术分量
厚重。那些年，现代派文学是国内文学理论界讨论的热点。袁
先生长期从事英美诗歌研究，有学问根底，有独立见解。当时
大家读了他的这部论著，都觉得材料充分，论述精辟，比较可
靠，比较可信。

　　听陪同他回来的女儿说，袁先生的身体状况不佳，但不听
家人劝说，坚持要回国参加所庆纪念会，因此，她和妈妈只得
陪他回来。袁先生的女儿告诉我们，父亲在美国最大的苦恼是
寂寞，无人与他讨论诗和学问，经常怀念国内的同事和朋友。
他说要不是自己的两个女儿都定居美国，他也决不会离开祖国。
确实，袁先生是诗人和学者，离开了像我们外文所这样的学术
环境，肯定是会很怀念的。而且，他不但在我们外文所备受敬
重，在国内的诗歌创作界和外国文学研究界都享有崇高的地位。
这次他回国参加所庆纪念会，也算是圆了一次回国梦。

　　在这期间，外文所也举行了《杨绛文集》出版暨学术研讨
会。此前我们与杨绛先生商量此事时，她并不同意，说不希望
对《文集》进行人为的炒作宣扬。我向她表示只是作为所内的
学术活动，不请媒体记者，她才勉强同意。从与杨先生的交谈
中，看出她对自己一生的学术业绩抱着一种平常心。她说自己

的戏剧创作是在上海沦陷时期，一方面是因为有创作欲望，另一方面也因为生活经济困难，需要稿酬补贴。新中国成立后，进入研究所，就要写论文。写论文就"犯错误"，在50年代成为"拔白旗"的对象。那么，就搞翻译。怎么会翻译法国勒萨日的长篇小说《吉尔·布拉斯》呢？因为钱先生给女儿讲故事，眉飞色舞，讲的就是这部小说里的故事，加上他的创造发挥。而杨先生听着也引起兴趣，便起念翻译这部小说，同时也以免自己的法语不用而生疏。译出来后，就被纳入外国文学名著丛书出版计划。翻译塞万提斯的《堂吉诃德》也是接受外国文学名著丛书委派的任务，为了保证翻译质量，又自学了西班牙语。而在"文革"中，仍然成为批判的对象。过去一直受批判，而现在呢？要开讨论会，则是一味地颂扬。杨先生说她不愿意这样，倒是愿意听到一些宝贵的批评意见。只有认真研究，才能提出切实的批评意见，这样才对学术有帮助。杨先生这种淡泊名利的心态和一生追求真学问的高尚精神净化了我们每个人的心灵。

## 中印古代文化传统比较

2004年12月，我年满62岁，到了所长退役年限，院领导任命陈众议担任外文所所长。我愉快卸任，感觉就像俗话所说"无官一身轻"。此后，我可以集中精力、自由自在从事我热爱的专业研究了。

自从 2002 年完成我主持的《摩诃婆罗多》翻译工程后，我回到了已放下很久的诗学课题上去，开始进行中印古典诗学的比较研究。因为许多饶有兴趣的诗学问题始终萦绕在心，激发我的研究欲望。这项研究的预期成果分为两部分：一是译出几部梵语诗学名著，二是写出一部中印古典诗学比较研究专著。

这样，我先翻译梵语诗学名著，一鼓作气译出了 10 种：《舞论》《诗庄严论》《诗镜》《韵光》《诗探》《十色》《舞论注》《曲语生命论》《诗光》和《文镜》。其中 4 种是选译，6 种是全译，结集为《梵语诗学论著汇编》（约 80 万字），并撰写了导言，介绍梵语诗学的起源和发展历程。这部译著后来作为"东方文化集成"丛书之一，出版于 2008 年。

在完成翻译任务后，我进入中印古典诗学比较研究阶段。我依据本人翻译的梵语诗学论著，按照文学理论的基本范畴进行梳理，归纳为文学定义、文学功用、文学体裁、诗人、读者、修辞、味、韵、借鉴和创新等。这些范畴代表文学的基本原理，可以据此比较和打通中印古典诗学。我也阅读了大量中国古典文论原著以及前辈学者的研究著作。同时，我也阅读了许多有关中国和印度的文化史著作。我先对中印古典诗学的文化背景进行思考，撰写了三篇中印古代文化传统比较的论文:《历史和神话》《宗教和理性》和《语言和文学》。

《历史和神话——中印古代文化传统比较之一》（发表于《外国文学评论》2006 年第 3 期）旨在阐明神话的产生和发展

既与人类早期的思维方式有关，也与口耳相传的文化传播方式
有关。中国古代重视书面文字记录，历史意识成熟较早。史学
发达，势必强化理性思维而抑制神话的发展。而印度长期采用
口耳相传的文化传播方式，口头文化发达，则为神话的繁衍发
展提供了合适的文化土壤。

印度上古时代的《梨俱吠陀》是颂神诗集，赞颂由各种自
然现象和社会现象转化而成的天神。而中国的《诗经》大多描
述世俗和人情，其中有些赞颂祖先的诗歌虽然也带有神话色彩，
但都没有将祖先视为天神，或者说，至多视为带有神性的氏族
英雄。

中国古代神话虽然远远不如印度丰富和系统，但有些神话
体现的原始想象力和思维方式，双方是一致的。例如，印度有
众天神举行祭祀，宰割原始巨人，创造世界的神话。而中国有
盘古"垂死化身"，创造世界的神话。印度有洪水传说，中国
有"鲧禹治水"传说。相比之下，《山海经》中鲧禹治水还有较
多神话色彩，而到了《孟子》和《史记》中记载的大禹治水传
说，神话色彩删削殆尽，完全成了历史传说。而印度的洪水传
说，完全是依靠大神梵天（或毗湿奴）拯救人类。

这说明中国古代原本流传的一些神话，渐渐遭遇历史化。
例如，印度神话描写梵天有四张面孔，中国古代也有"黄帝四
面"说。然而，孔子解释说："黄帝取合己者四人，使治四方，
此之谓四面也。"这是理性思维方式，将神话读作隐喻。还有，
利用语言表达中的模糊性，采用不同的读法，消解神话。《山海

经》中记载有一种神兽夔，"状如牛，苍身而无角，一足，出入水必风雨，其光如日月，其声如雷"。而孔子解释说："夔非一足也，一而足也。"这样，就割断了与神话的联系。而在古代印度，语言表达中的模糊性，恰好成为发挥神话想象力的空间。例如，毗湿奴在《梨俱吠陀》中是一个小神，有关他的颂诗中，提到他的"三个跨步"，但具体描写并不清晰。而后来在梵书中，"三个跨步"的意义明确为"覆盖三界"。到了史诗和往世书中，毗湿奴升格为三大神之一。这"三个跨步"发展成他化身救世的神话故事，描写他三步跨越天国、大地和地下三个世界，夺回被阿修罗侵占的三界统治权。

凡此种种说明，中国古代的许多神话种子如果具有印度古代那样的文化土壤，也会长成一棵棵枝叶繁茂的大树。然而，中国古代历史意识成熟较早，历史意识必然倾向于消解神话思维，而强化理性思维。这样，中国古代神话的发展不仅受到抑制，还遭遇历史化。

《宗教和理性——中印古代文化传统比较之二》（发表于《中国社会科学院学术咨询委员会集刊》第 3 辑）旨在阐明在中印古代文化中，宗教和理性两者表现形态的差异。

印度现存最早的文献是四部吠陀。其中，《梨俱吠陀》是颂神诗集，《娑摩吠陀》是颂神歌曲集，《夜柔吠陀》是祈祷诗文集，《阿达婆吠陀》是巫术诗集。它们的编订成集体现由原始宗教转化为人为宗教（婆罗门教）的过程。在吠陀时代，印度古人崇拜神祇，热衷祭祀。婆罗门主导祭祀活动，在种姓制社会中享有最高地位。在吠陀时代后期产生的各种奥义书探讨世界的终极原因，确认梵是世界的本源，并提出轮回论和业报论。人生的最高目的是解脱，即超脱轮回。解脱的方法是认识自我与梵同一。此后，出现与婆罗门教抗衡的沙门思潮，其中影响最大的是佛教。佛教对婆罗门教崇拜神祇和祭祀提出理性的质疑，如对世界的认识，以"缘起论"否定婆罗门教的"神创论"，也不认同奥义书的"梵"。但佛教接受奥义书的"轮回论"和"业报论"，只是解脱的方法不是达到"梵我同一"，而是达到"涅槃"。佛教否定"神创论"，但并不否定天神的存在，而且也有自己的神话传说。在列国纷争和帝国统一的史诗时代，婆罗门教由吠陀时代的多神崇拜演变为三大主神梵天、毗湿奴和湿婆崇拜，并信仰轮回和解脱，也将政治和伦理纳入宗教思想体系。总之，婆罗门教在印度古代思想文化领域中始终占据主导地位。

中国殷商时代也是崇拜神祇的时代。通神和祭祀由巫觋担任。巫觋相当于印度古代的婆罗门，职能主要是祭司，也可以兼作巫师。周代执掌宗教礼仪的职官统称"宗祝巫史"，或简称"巫史"。这说明祭司和史官可以互相兼任。中国的修史传统始于殷代。史官掌管文献，记录政事，有利于总结历史经验，促进理性思维。殷周时代由神话传说时代转向历史时代，思想意识由重鬼神转向重人事，渐渐将宗教祭祀改变成道德礼仪，由对鬼神的崇拜改变成对天地和祖先的敬畏和感恩。至春秋战国时代，形成以孔子为代表、以礼教为核心的儒家思想。

　　然而，印度古代宗教和神话发达，并不意味印度古代缺乏理性思维。因为宗教并不涵盖全部社会生活，同时，对超自然力量的信仰也不是宗教的全部内容。起码，人类为了生存，制作和改良生产工具，不断提高生产力，就离不开理性思维。理性思维一般可以分为实用理性和思辨理性。还有一种称为"直觉"的思维方式，可以有两种理解：一种是依据经验的直接判断，另一种是超越经验和理性的体悟。这样，直觉思维既可通向理性，也可通向非理性。

　　吠陀时代出现的"六吠陀支"，即礼仪学、语音学、语法学、诗律学和天文学，其中关于语言和天文的学科体现实用理性。奥义书探讨终极真实，体现思辨理性。此后六派正统印度哲学运用概念或范畴展开思维，也体现思辨理性。然而，这些哲学派别大多没有摆脱有神论，说明它们尚未完全脱离宗教而独立。与正统哲学对立的非正统哲学中，顺世论重视感觉经验，体现实用理性。佛教具有宗教信仰，但宗教思想中也含有实用理性和思辨理性。佛教提出的"俗谛"和"真谛"就体现这两者："俗谛"依据实用理性，"真谛"依据思辨理性或直觉。

　　中国春秋战国的诸子百家中，以孔子为代表的儒家体现理性思维，主要关注政治和伦理，理论构建以实用为目的。以老子为代表的道家和以墨子、惠施和公孙龙为代表的名辩学体现思辨理性。老子确认"道"是世界的本源，与奥义书中的"梵"相通。而与奥义书哲学相比，老子哲学更多体现历史经验的升华。名辩学旨在探索逻辑思维方法，但与政治伦理紧密结合，与印度古代逻辑学相比，对逻辑思维形式的分析不够充分和明晰。它最终没有形成一门专门研究逻辑思维形式的独立学科。唐玄奘曾引进印度佛教因明学（即逻辑学），也未受重视。这表明中国古人对待思辨理性，更乐于接受老庄式的思辨理性，兼容实用理性和直觉体悟，灵活自由，而非纯粹的思辨理性。

中国古代文化格局在魏晋南北朝基本定型，儒家体现实用理性，道家、玄学和名辩学体现思辨理性，道教和佛教分担宗教信仰。大凡每个民族的文明发展中，实用理性、思辨理性和宗教信仰都有各自存在的理由和价值。而在中国古代文化传统中，儒家实用理性占主导地位，也是中国古代文明发展的自然选择。

《语言和文学——中印古代文化传统比较之三》（发表于《外国文学评论》2007年第2期）旨在阐明中印古代文字和传播方式的不同导致语言学和文学表现形态的差异。

印度上古时代采用口耳相传的传播方式，在吠陀文献中没有任何有关文字的记载。现存最早的、可以辨读的文字出现在吠陀时代之后，即公元3世纪的阿育王石刻铭文。印度古代语言梵语是屈折语，使用拼音文字。出于读解经典的需求，印度古代首先出现词源学，然后出现包括语音学在内的语法学。而中国上古时代就出现文字，从商周甲骨文，经由小篆和隶书，演变成自东汉至今通用的楷书字体。汉语是孤立语，使用表意文字。同样出于读解经典的需求，中国古代首先出现训诂学和文字学。而在佛教传入中国后，随着佛经翻译活动的展开，梵语语音学促进中国产生汉语音韵学，却未促进中国产生汉语语法学。这与汉语本身没有屈折变化有关。

印度古人在语法学的基础上，也对语言进行哲学思考。思考的重点是音和义的关系。波颠阇利在《大疏》中指出表达意义是词的唯一目的。而他认为词本身是原来存在的，恒定不变，但它是由声音展示的。他把这种词本身称为"常声"。"常声论"在伐致诃利的《句词论》中得到充分发挥。他认为"常声"产生和呈现音和义。"常声"代表语言的终极存在，原本完整和不可分割。将句分为词，词分为字母，只是为了便于理解。这相当于索绪尔的符号论，即"用符号表示这个整体，用所指和能指分别代替概念和音响形象"。同样，也相当于魏晋玄学家王弼在《老子道德经注》中对"大音"的解释：大音是"不可得闻之音也。有声则有分，有分则不宫而商也。分则不能统众，故有声者非大音也"。

印度古代语言哲学注重音和义的关系，同样，中国古人注重名和实的关系。然而，庄子认为"名"不能表达所有的"实"："可以言论者，物之粗也；可以意致者，物之精也；言之所不能论，意之所不能致者，不期精粗也。"也就是老子所谓"道可道，非常道；名可名，非常名"。这与奥义书中所谓梵"不可言说"以及佛经中所谓佛法"不可说"一致。

文学是语言的艺术。语言可以分为口头语言和书面语言，文学也可以分为口头文学和书面文学。印度古代的吠陀、史诗和往世书都属于口头文学。而古典梵语文学使用的梵语注重藻饰，故而不能像史诗那样依靠口头创作和传播，而成为书面文学。中国古代很早就产生书面文学，而在书面文学中，也有文言文学和白话文学的区别。文言文是从战国时期开始逐渐成型的。当时尚未发明造纸术，受书写材料制约，简牍嫌重，缣帛嫌贵，故而文言文的文体特点必然趋向简约。在简约的前提下，追求"辞达"、"辞巧"和"文质彬彬"，形成有别于口语的词汇和句法系统。

魏晋南北朝是中国文学自觉的时代。在文学观念上有两个重大发展：一是在"诗言志"的基础上提出"诗缘情"；二是追求语言的艺术美，重视骈偶、声律和藻饰。以"四声八病"说为核心的永明声律论揭示了汉诗音韵美的奥秘，奠定了汉诗格律的理论基础。同时，在散文中产生句式工整（"骈四俪六"）的骈文。可以说，骈文代表中国古代散文语言艺术达到极致的文体形式。

而魏晋南北朝恰恰也是佛经翻译昌盛时期，故而在佛经翻译活动中，关于佛经翻译文体的文和质的讨论贯穿始终。中国佛教高僧熟习简约典雅的文言文体，这从他们为汉译佛经撰写的序文便可见出。乍一面对汉译佛经质朴繁琐的文体，自然会感到不适应，甚至心生疑惑。但随着佛经翻译实践的深入，渐渐认识到这种文体符合佛经原典的本来面目。有了这样的认识，他们也就不再忌讳使用白话或接近白话的文体翻译佛经。

这样，在魏晋南北朝，一方面是骈文引领文言文体，另一方面是汉译佛经推动白话文体，两者在中国文学史上具有同等重要的意义。这样，中国的白话文学和文言文学并驾齐驱，日益壮大。其中，最突出的事例是唐代变文促进了中国通俗叙事文学的长足发展。变文采用韵散杂糅的白话文体，后来演变成宋元话本（即白话小说）。宋元话本又演变成明清章回体白话长篇小说。

　　唐宋叙事文学的发展也为戏剧的产生创造了条件。中国戏剧的诞生晚于希腊和印度，究其原因可能是多方面的，但中国早期以虚构为特征的叙事文学不发达肯定是原因之一。而现在有了叙事文学的基础，转换成戏剧表演也就指日可待了。在中国古代，"传奇"一词既是唐宋小说的用名，也是元杂剧和明清戏曲的用名，也能印证这个道理。

　　唐代变文还有一个更直接的演变发展方向是民间说唱文学。元明时期流行的宝卷与变文一脉相承，说唱的内容分成佛经类和非佛经类。元明时期另一类说唱文学统称为词话，说唱的内容已以中国历史故事和民间传说为主。这类词话还配有若干图画，说明还传承着变文配图说唱的原始精神。这类词话的直接继承者则是明清的长篇说唱文学鼓词和弹词。其中，鼓词流行于北方，弹词流行于南方。中国古代没有产生史诗一类口头传唱的长篇叙事文学作品，而自唐宋开始，口头说唱文学日趋发达，至明清达到鼎盛。就弹词而言，字数动辄几十万，乃至100万以上。最长的一部弹词是清代的《榴花梦》，近500万字，字数超过印度的两大史诗，实在令人称奇。这些有趣的文学现象确实值得我们认真探讨和研究。

2006 年，中国社会科学院成立学部，我当选学部委员。2007 年，院里组织青年研究人员访谈院学部委员，编成《学问有道——学部委员访谈录》，院长陈奎元亲笔题写书名。我们所的青年研究人员徐畅对我进行访谈，内容主要是我的治学经历和体会。我想在这里摘录我个人治学问题之外的三个问答。

问：您能否谈谈担任外文所所长的体会？

答：担任领导职务对我来说也是为社会服务。我对外文所是很有感情的。我当了所长，就是要为大家创造条件，让做学问的人能安心好好做学问。我自己也这样做，以身作则。当领导也不放弃学术，也要出成果，对大家的要求也是对自己的要求。我很重视人才，只要你是个人才，好好做学问，我是非常支持的。复杂的人事关系我都尽量淡化。我总想人无完人，那些学术之外的矛盾纠纷，是是非非，我尽量化解，尽量创造和谐的学术环境。

问：您对我们这些年轻的研究工作者有什么忠告和建议吗？

答：像我们这样的研究机构，如果是想做学问的人，中国很难找到这样好的条件。中国社科院确实是学术的殿堂，学者的福地。研究工作是需要时间的，如果没有日常的积累，想做学问就是空中楼阁。学术不完全靠天赋，后天的勤奋也很重要。大学里还要教学，而我们可以专心研究。当年季羡林先生留学德国的时候，十年时间里，成年累月就是钻研学问，积累的学养自然很厚实。回国后，他依然如此。当系主任，上午要到系里办公，所以他早上四点就起床读书做学问。他跟我说，每天早上那三四个小时，就把上午的活儿干出来了。他这样坚持了一辈子，这种勤奋精神是很令人钦佩的。他后来80多岁写学术著作《糖史》，这是很不容易的，一般人很难做到。过去所里开会，我曾讲过做学问要树立高标准，因为"取法于上，仅得其中"。要向大家公认的大学问家学习，以他们为标准和榜样。即使达不到他们那样的成就，但是努力了，也能有一定的收获。如果标准不高，就连中等水平也达不到。你们这一代条件比我们好多了，要好好珍惜，充分利用。

**问**：最后能否请您谈谈你的人生体悟？

**答**：做人不要骄傲，不要以自我为中心，要有谦卑之心。宇宙那么浩大，历史那么悠久，单个的个人是很渺小的。只要能为社会做点事，体现一点人生的价值，这辈子就算没有白活。我认为一个人既要执着，又要超脱。执着是尽责任，超脱是不计较个人得失和回报。比如我们做学问，就要执着，而对虚名浮利，则要看淡一些。社会提供条件，让我们从事精神工作，那我们的责任就是提供精神成果。既尽了责任，做的又是自己喜欢做的事，这不是很幸福吗？

# 培养梵语后继人才

在这次接受访谈中，我也谈到我从领导岗位退下来后，已回到中印诗学比较的课题上。然而，就在我的这项比较诗学研究进入正题之时，我的研究重心又身不由己地出现了转移。当时，有一些青年学者愿意跟随我学梵文。我想到梵学研究资源丰富，而国内梵语人才稀缺，觉得自己有必要担起培养后继人才这份责任。而且，李铁映和陈奎元两任院长都曾嘱咐我应该培养梵语后继人才，我也一直记挂在心。这样，我于2007年夏至2009年夏开设了一个梵语研读班。

参加这个班的学员都已经具备梵语语法基础知识，我的任务是带领他们精读梵语原典。因为只有真正学会阅读梵语原典，将来才有可能独立从事梵学各领域的研究工作。我在教学中，秉承季羡林和金克木两位先生的教学方法，重视语法解析，因为对于梵语这种语法形态复杂的语言，准确把握词语之间的语法关系是读通原文的关键。同时，我也注重传授如何将梵语原文转化为汉语译文。因为学会梵语，不等于学会翻译。如果不懂得一点翻译技巧，不能将梵语原著完善地转化为汉语，不要说以后从事翻译工作，研究工作也很难做好。

经过两年的学习，学员们觉得收获很大，并希望能将我们的教学成果保存下来，便于今后复习和参考，也为国内提供一部学习梵语的辅助读物。于是，在学员们的协助下，我编了一部《梵语文学读本》。所收篇目都是我讲课用作教材的梵语文学名著，如《薄伽梵歌》《佛所行赞》《时令之环》《罗怙世系》《鸠摩罗出世》《牧童歌》和《戒日王传》。读本内容包括梵语原文、汉语译文和语法解析三个部分。这部读本于2010年由中国社会科学出版社出版。

　　我在教学中，也选讲过佛经《入菩提行论》和《入楞伽经》以及印度古代哲学《奥义书》和《瑜伽经》。这些都没有收入《梵语文学读本》。我在讲授《奥义书》和《瑜伽经》时，发现这些学员大多对印度哲学一无所知，因此对课文的理解很费力。而我认为要从事印度古代文化研究，必须要对印度古代哲学有所了解。印度哲学与宗教关系密切，哲学精神也渗透在印度文化的方方面面。正因为我过去翻译过《印度哲学》一书，所以我在翻译史诗《摩诃婆罗多》时，遇到其中许多涉及宗教哲学的论述，就比较容易把握和理解。否则，在翻译中，这些会成为拦路虎。

## 《奥义书》和《薄伽梵歌》

　　这样，我在教学的同时，着手翻译《奥义书》。奥义书在印度古代思想史上占有重要地位，是印度上古思想转型的关键著作，对印度古代宗教和哲学的发展产生了深远影响。

　　印度吠陀时代上古初民崇拜神祇，热衷祭祀，而婆罗门执掌祭祀活动。在吠陀时代后期出现的各种梵书便是婆罗门的"祭祀学"著作。婆罗门在这些梵书中，为各种祭祀仪式制定规则，诸如祭祀的种类、祭火和祭司的数目、祭祀的时间和地点、念诵或咏唱的颂诗、供奉的祭品和祭祀用品等，并千方百计将祭祀仪式繁琐化和神秘化，强调所有这些规则乃至最微小的细节都事关祭祀的成败。在这些梵书中，祭祀本身成了最高目的。包括天神在内的一切力量都源自祭祀。而婆罗门执掌祭祀，也被抬高到等同天神的地位。婆罗门的祭祀理论至此达到鼎盛。

在梵书之后出现各种森林书和奥义书。这两类著作性质相近，一般都作为梵书的附录。森林书排在梵书之后，奥义书又排在森林书之后。因此，这两类著作，尤其是奥义书，又被称为"吠檀多"，即"吠陀的终结"。虽然排在梵书之后，但它们的主题思想并不是梵书的继续或总结，而是展现对于祭祀和人生的另一种思路。

森林书是在远离城镇和乡村的森林里秘密传授的。它们主要不是制定祭祀的实施规则，而是探讨祭祀的神秘意义。这些森林书的作者隐居森林，不仅摒弃世俗生活方式，也摒弃世俗祭祀方式。他们强调内在的或精神的祭祀，以区别于外在的或形式的祭祀。这样，森林书标志着由梵书的"祭祀之路"转向奥义书的"知识之路"。

奥义书这一名称的原义是"坐在某人身旁"，蕴含"秘传"的意思。奥义书中也经常强调这种奥义不能传给"非儿子或非弟子"。留传于世的奥义书很多，不下 200 种。然而，它们大多产生年代很晚，与吠陀文献无关，不是严格意义上的奥义书。一般公认属于吠陀时代的奥义书只有 13 种。

奥义书的内容是驳杂的，但它们的核心内容是探讨世界的终极原因和人的本质。其中的两个基本概念是梵和自我。在吠陀颂诗中，确认众天神主宰一切。在梵书中，确认生主是世界创造主。而在奥义书中，确认梵是世界的本原。梵作为世界的本原的观念在梵书中已初露端倪，但在奥义书中得到充分发展，成为奥义书的主导思想。在奥义书中，"自我"一词常常用作"梵"的同义词，也就是说，梵是宇宙的自我、本原或本质。而"自我"一词既指称宇宙自我，也指称人的个体自我，即人的本质或灵魂。梵是宇宙的本原，自然也是人的个体自我的本原。

奥义书中对梵的探讨始终与对人的个体自我的探讨紧密结合。与梵和自我的关系相关联，奥义书中也探讨宇宙和人的关系。奥义书对于梵和自我以及宇宙和人的探讨，其最终结论可以表述为"宇宙即梵，梵即自我"。奥义书将梵和自我视为最高知识。知道了梵和自我，也就知道一切。认识到梵我同一，也就获得解脱。奥义书确认梵为最高真实，以认知"梵我同一"为人生最高目的。这与梵书中体现的崇拜神祇和信仰祭祀的婆罗门教义迥然有别。奥义书崇尚知识，而将知识分为"上知"和"下知"。"下知"是"四吠陀"和"六吠陀支"。"上知"则是对梵的认知。奥义书超越吠陀经典，突破梵书的祭祀主义樊篱，可以说是在婆罗门教内部发生的一场思想革命。

围绕梵和自我这个中心论题，奥义书还涉及其他许多论题，提出了不少新观念，如业报、轮回和解脱。这些观念不仅为婆罗门教所接受，也为后来的佛教和耆那教所接受，而成为印度古代宗教思想中的重要基石。在奥义书之后产生的印度古代哲学中，吠檀多哲学是奥义书的直接继承者。而数论和瑜伽也能在奥义书中找到渊源或雏形。此外，奥义书中也经常显示出对现实生活的关注，对伦理道德的崇尚。总之，奥义书中的论题广泛，内容丰富。

同时，这些奥义书也真实地反映了当时的思想探索方法和过程。因而，虽然这些奥义书的思想趋向是一致的，但它们的表述方式异彩纷呈，术语的使用也不尽相同。它们尚未形成周密的哲学体系，也未充分运用概念进行思维，这些是此后的印度哲学的任务。奥义书的理论思维正处在从神话的、形象的思维向哲学的、抽象的思维转变之中。因此，奥义书也就成了我们了解印度宗教和哲学发展历程的一个重要样本。

中国翻译奥义书的先驱是徐梵澄先生。他侨居印度时翻译的《五十奥义书》于1984年由中国社会科学出版社出版。徐梵澄先生的译文采用文言体，故而对一般读者而言，在阅读和利用上会有一定困难。鉴于奥义书在印度思想史上的重要地位，我觉得有必要为国内读者提供一部《奥义书》的现代汉语译本，也就决定了做这件工作。我译出的是学术界公认属于吠陀时代后期的13部原始奥义书。我要求自己的译文明白晓畅。同时，在为译文添加注释时，我注意把握这两个原则：一是适应中国读者的需要，二是力求简明扼要，避免繁琐或过度诠释。

《薄伽梵歌》也是一部研究印度古代文化的必读书。它是史诗《摩诃婆罗多》中的一个插话。《摩诃婆罗多》以婆罗多族大战为主线，插入了大量的神话、传说、寓言、故事以及宗教、哲学、政治和伦理等内容，最终成为一部"百科全书"式的史诗。这是印度古人保存民族思想文化遗产的一种特殊方式。这也是在这部史诗的成书过程中，史诗作者们有意识地这样做的，要让它成为一座集大成的"文化宝库"。而在《摩诃婆罗多》中有关宗教哲学的插入成分中，最重要的便是《薄伽梵歌》。

《薄伽梵歌》共有 18 章，700 颂。18 章这个数字与《摩诃婆罗多》共有 18 篇和婆罗多族大战进行了 18 天，想必不是偶然的巧合，而富有深意，即史诗作者将《薄伽梵歌》视为《摩诃婆罗多》的思想核心。"薄伽梵"是对黑天的尊称，可以意译为"尊者"或"世尊"。黑天是大神毗湿奴的化身，因此，《薄伽梵歌》也可译为《神歌》。

黑天在《薄伽梵歌》中向阿周那阐明达到人生最高目的解脱的三条道路：业瑜伽、智瑜伽和信瑜伽。"业瑜伽"（行动瑜伽）是指以一种超然的态度履行个人的社会义务和职责，不抱有个人的欲望和利益，不计较行动的成败得失。黑天认为行动是人类的本质，拒绝行动，恐怕连生命也难维持，停止行动，世界就会走向毁灭。纵然一切行动难免带有缺陷，犹如火焰总是带有烟雾，一个人也不应该摒弃生来注定的工作。行动本身不构成束缚，执着行动成果才构成束缚。因此，不怀私利，不执着行动成果，只是为履行自己的社会职责而行动，就能获得解脱。

而要真正理解和实行业瑜伽，还必须与智瑜伽和信瑜伽结合，因为这三者是相辅相成的。"智瑜伽"（智慧瑜伽）是以数论和奥义书的哲学智慧指导自己的行动。数论哲学认为世界有原人和原质两种永恒的实在。原人是不变的、永恒的自我，也就是灵魂。原质是原初物质。人的行动是原质的行动，而非原人（灵魂）的行动。行动出自人的本性，而为履行社会职责从事行动，不谋求私利，不执着行动成果，灵魂就能摆脱原质的束缚，达到解脱的境界。解脱的境界就是"梵我同一"。

"信瑜伽"就是虔诚地崇拜黑天，将一切行动作为对黑天的奉献。因为黑天是大神毗湿奴的化身，是"至高原人"，世界的创造者、维持者和毁灭者。创造、维持和毁灭是世界的存在方式，是神的安排。生而为人，就必须履行自己的社会职责，作为对神的奉献。只要这样做，甚至出身卑微的吠舍和首陀罗也能达到至高归宿，与至高存在同一。

《薄伽梵歌》中倡导的黑天崇拜开创了中古印度教的虔信运动。这部宗教哲学诗吸收和改造吠陀的有神论和祭祀论，融合数论哲学的原人和原质二元论以及奥义书哲学的梵我同一论，又采取瑰丽奇异的文学表现手法，在中古时代得到迅速普及。历代印度哲学家经常把它从《摩诃婆罗多》中抽出来，作为一部独立的经典进行注解和阐释。

在近代和现代，《薄伽梵歌》依然对印度社会思想产生深刻影响。罗姆罗罕·罗易、维韦卡南达、提拉克、甘地、奥罗宾陀和拉达克利希南等，这些印度思想家都曾利用《薄伽梵歌》阐释自己的哲学和政治思想。尤其是在印度争取民族独立运动的背景中，提拉克强调以智慧为根本和以虔信为支柱的行动瑜伽；甘地强调坚持真理，无私行动。诚如恰托巴底亚耶在他的《印度哲学》一书中所说："那时候一个爱国者只要手持一册

《薄伽梵歌》，就能步伐坚定地走上绞刑架。"《薄伽梵歌》至今仍是印度最流行的一部宗教哲学经典，几乎每年都有新的译本和注本出现。因此，《薄伽梵歌》在世界上常被喻称为印度的《圣经》。

可见，《薄伽梵歌》具有一种超越时空的思想魅力。我们今天阅读《薄伽梵歌》，可以不必拘泥于它的哲学唯心主义和宗教有神论，我们可以将宗教和神话读作隐喻。黑天作为"至高原人"或"至高的梵"代表宇宙精神（即内在规律），而"至高原人"的"原质"代表宇宙万象。宇宙包括自然和社会。人是宇宙的一分子。人要存在，就要从事行动。行动受"自我"（精神或思想）指导，而必须符合客观规律，这便是"梵我同一"。业瑜伽、智瑜伽和信瑜伽代表实践、认识和信仰，属于人类普遍的生存方式。认识世界，尊重客观规律，无私无畏履行职责，从事行动，奉献社会，就能圆满实现人生，达到"天人合一"的崇高境界。

《薄伽梵歌》我早已译出，首先收入《摩诃婆罗多》汉译本。后来，译林出版社出版《世界英雄史诗译丛》，收入《摩诃婆罗多》中的《毗湿摩篇》。而《薄伽梵歌》就在《毗湿摩篇》中。因为原来的译文是散文体，于是，我按照《译丛》体例的要求，改译为诗体。这次，我又经过修订，增添注释，作为单行本出版。

《奥义书》和《薄伽梵歌》这两个汉译本由商务印书馆列入"汉译世界学术名著丛书"，于2010年出版。

# 比较诗学

原本完成梵语研读班的教学任务后，我可以转入比较诗学的研究，因为我已经做了前期准备，心中涌动着写作欲望。2011 年初，北京大学西语系几位青年教师对我进行过一次访谈，了解我的学术生涯，其中也谈及我对比较诗学研究的一些想法。这里可以摘录如下。

**问**：您在翻译史诗之前，对比较诗学有兴趣，也写了一些相关论文，有中印诗学比较，也有印度和西方诗学比较。您还写了《读冯至〈十四行集〉》。可否请您谈一谈比较维度上的研究？

**答**：我的两位业师季先生和金先生都在研究中注意运用比较方法。我在社科院也受到钱锺书和杨绛两位先生的深刻影响。因此，我在文学研究中一直有意识地运用比较的方法。现在的比较诗学主要是中西比较，缺乏印度这一块。实际上，从大的文化体系和文化形态来说，最有代表性的，一个是以希腊罗马为源头的欧美系统，一个是中国系统，一个是印度系统。印度作为一个古老文明国家，它的文化体系和文化形态是很特殊的，与中国和西方都不同。但是有一点，原理都是相通的。这一点上，我受到钱锺书先生很大影响。他是主张打通中西的。文化形态不一样，但是基本原理是相同的，因为人的感情和心理，在根本上是相通的。

**问**：您主张从差异出发，去寻找相通的层面？

**答：**同样的原理可以有不同的表现形态。为什么中国文论是这种形态，印度是那种形态，而西方又是一种形态？我要说出个道理来，不是罗列一下不同。我想探讨为什么会这样？而且形态不同，却各有长处。比如，国内有些研究西方文论的瞧不起中国文论，甚至说中国没有文论。我说中国的文论形态不一样。中国的文论不是主要依靠抽象的概念来建立理论体系，而是将文学创作和文学鉴赏紧密结合。这种形态也是有它的长处的。所以，中国古代文人写一些诗话，自己也会写诗。他们总结鉴赏心得，并非脱离创作谈理论。

而西方的一些文学理论走向极端，常常理论归理论，创作归创作，泾渭分明。印度古代文论介于两者之间。他们谈理论，都结合具体的例子。他们的分析和归类有时比西方更有体系。这些情况，中国学者目前都不太了解。现在中国的比较文学和比较诗学都集中在中西比较。还有一个问题，中国学者写了不少比较文学原理或概论，而没有用更多的精力从事实际研究。没有实践，理论从何而来呢？

所以，我更希望从实际的文学研究出发。我觉得从事比较诗学，不能停留在搬用西方学者的理论。西方学者在西方传统下比较，得到一些理论。中国学者如果能够更多利用中国和印度的经验，把经验上升到理论，不是可以比西方更丰富，上升到更高的理论高度吗？需要更多的人从事这些具体的比较研究。比较诗学的研究应该利用古今中外的文学经验。当然，作为中国学者，尤其应该擅长将中国的文学经验融入比较诗学的研究里面，这才是中国的比较诗学研究。我们把中国经验、印度经验和西方经验结合起来，深度和广度不是会更高？学术上的创新和提高就是这样来的。没有具体的比较和实践，怎么能提升到更高的理论境界呢？

我的想法是，诗学原理相同，只是表现形式不同。我用梵语诗学的一些基本概念阐释冯至先生的《十四行集》，完全能说通。因为诗学基本原理是相通的。举例说，印度梵语诗学有个概念名为"庄严"，是指语言的美化。按照现代的术语叫"修辞"。中国和西方都古已有之，就是语言各种优美的表达方式。这些语言现象，虽然表现不一，原理却是相通的，如夸张、隐喻、明喻、双关等。梵语诗学还强调含蓄，不要直白。好诗都讲究含蓄，让读者自己体会，而获得乐趣。太直白的话，审美乐趣就不够了。当然，也不一定都要含蓄，有时也有直白的美，要看什么场合。还有，诗歌要表达感情，哪有诗歌不表达感情的呢？悲哀也好，喜悦也好，平静也好，在梵语诗学中称为"味"。表达爱情的，称为"艳情味"，表达悲伤的，称为"悲悯味"，还有"平静味"，中国也有隐居诗人，就像印度也有人追求平静生活，沉思默想。平静，也是一种感情，你把它表达好了，也是好诗。对于这些味，梵语诗学会分析用哪些方式表达，他们分析得十分详细。

中国古代文论中有称为"诗格"一类的著作，试图对诗歌艺术技巧进行分类研究，有些类似梵语诗学的形式分析，但在中国古代不吃香，没有得到充分发展。诸如此类情况都可以做比较研究。印度梵语诗学中的形式分析是很突出的。

问：在东西文化比较研究的范围里，如果纳入印度元素的话，就会呈现一种新境界、新维度。

答：这正是我的想法。说起来，这些研究课题都是很有意思的，要做的事也很多。

## 梵文研究的学术意义

在这次访谈中，我随口所说的这些实际是我当时脑子里经常思考的问题。而就在 2009 年，中国社会科学院接受了国家社科基金重大委托项目《梵文研究及人才队伍建设》。为此，中国社会科学院成立了梵文研究中心执行这个项目。我也应国家社科基金规划办公室的要求，撰写了《梵文研究的学术意义》一文，要点如下：

梵文是印度古代通用语言。印度和中国同为历史悠久的文明古国，梵文文献和古汉语文献一样是留给全人类的宝贵文化遗产。

中国和印度有着两千多年的文化交流史。印度佛教自两汉之际传入中国汉地，译经活动随之开始，自东汉至宋代，历时千余年。同样，佛教自 7 世纪传入中国藏族地区，译经活动持续至 17 世纪，也历时千余年。佛教在印度本土于 12 世纪消亡，大量的梵文佛经也随之流失。而中国却以写本和雕版印刷的传承方式保存有卷帙浩繁的佛经汉译本和藏译本，堪称世界古代文化交流史上的一大奇观。

印度佛教在中国文化土壤中扎下根，长期与中国文化交流融合，已经成为中国传统文化的有机组成部分。就汉文化而言，最终形成的传统文化是以儒家为主干的儒道释文化复合体。汉译佛经和中国古代高僧的佛学著述合称为"汉文大藏经"。它们与儒家典籍和道藏共同形成中华民族的宝贵文化遗产。

为了适应时代发展的需要，批判地继承文化遗产，我们必须重视对这些文献资料的整理和研究。儒家典籍在中国古代文献整理和研究中始终是强项，理所当然。而佛教典籍自近代以来，学术界重视不够，已逐渐成为中国古代文献整理和研究中的弱项。20世纪八九十年代，由任继愈先生主持编辑《中华大藏经》，已经出版了"正编"。其文本采取影印的方法，并依据历代多种版本，列出"校勘记"，但没有同时进行标点工作。这是因为佛经的标点已成为中国古代文献整理中的难点，不能匆忙地全面进行。在汉文大藏经中，包含有大量汉译佛经，绝大多数译自梵文。因此，为了提高佛教典籍的整理质量，应该培养一批通晓梵文的人才，参与佛经的校勘、标点和注释工作。

利用梵文佛经与古代汉译佛经进行对勘研究，有助于读解汉译佛经。佛教义理体现印度古代宗教和哲学思维方式，有别于中国传统的理论思维形态。而汉译佛经的语言对于现代读者，不仅有古今汉语的隔阂，还有汉译佛经受梵文影响而产生的不同程度的变异，更增添一层读解难度。然而，通过梵汉佛经对勘，则可以针对汉译佛经中义理和语言两方面的读解难点，用现代汉语予以疏通和阐释。

梵汉佛经对勘研究不仅有助于读解汉译佛经，也有助于读解梵文佛经本身。对于印度和西方学者，梵文佛经的读解也是印度古代文献研究中的一个难点。而运用梵汉佛经对勘，则能为扫除梵文佛经中的一些文字障碍提供又一条有效途径。这个道理也同样适用于梵藏佛经对勘。这也是国际佛教学者在编订梵文佛经校刊本时，注重利用汉译和藏译佛经的原因。而在利用汉译和藏译佛经资料方面，中国学者具有得天独厚的优势。如果我们能在梵汉和梵藏佛经对勘方面多做一些工作，也是对国际佛教学术作出应有的贡献。

我们也注意到，近二三十年中，国内汉语学界出现了一个称之为"佛教汉语研究"的热点。古代汉译佛经受梵文佛经影响，主要使用白话文体，较多采用口语用词，同时在构词、词义、语法和句式上也受梵文影响，在语言形态上出现一些变异，而有别于传统的汉语。这种特殊的语言现象需要汉语学者认真研究和诠释。如果通晓梵文，直接运用梵汉佛经对勘研究方法，就方便得多，可以避免一些不必要的暗中摸索和无端臆测。

同时，我们还应该看到，佛教只是印度古代文化的一个组成部分。印度古代有三大宗教：婆罗门教、佛教和耆那教。除了这些宗教的文献外，梵文文献还包含史诗、神话传说、寓言故事、诗歌、小说、语言学、诗学、哲学、律法、天文学、医学和其他科学著作，浩如烟海。总之，印度古代文化是一座宏大的宝库，中国需要培养更多的梵文人才投身其中。唯有这样，我们才无愧于中印两千多年文化交流史的悠久传统。

《梵文研究及人才队伍建设》这个项目正是适应中国社会科学领域中这方面的学术需求而设立的。我们深感责任重大，必须全力以赴。梵文研究这条学术道路是艰辛的。而这个项目的设立给予了我们强有力的支持，也增强了我们的学术使命感。只要我们脚踏实地，兢兢业业，认真实施这个项目，中国的梵文研究前景是充满希望的。

这篇文章发表在 2010 年 7 月 7 日的《光明日报》。

## 结合教学编写梵语巴利语教材

这样，在培养人才方面，梵文研究中心于 2010 年秋开设了一个学制为三年的梵文班。这个梵文班采取开放式体制，凡根据研究工作需要学习梵文的研究生或学者，均可自由报名参加。报名非常踊跃，在举行开学典礼时，大会议室里坐满 70 余人。我在开学典礼上讲了梵文研究的学术意义，也强调梵文属于难学的语言，要把梵文学到手，必须要发大愿。这个梵文班的学员坚持学完课程的约十几个人。因为学员中许多是在职研究人员，各自承担着研究项目，难以分出足够的时间和精力投入学习梵文，因此，在初步入门后，只得忍痛割爱。

梵文班的教学任务由郭良鋆、葛维钧和我承担。前三个学期由郭良鋆和葛维钧讲授梵语语法以及例句和课文，所用教材都是季羡林和金克木两位先生当年在北大开设梵文班，编选和教授我们的课文。而郭良鋆和葛维钧在教学中，也是传承两位先生的方法，首先结合梵语例句，让学员学完整部梵语语法。然后，选读梵语原典，在授课中，注重语法分析。

在郭良鋆和葛维钧带领学员们入门后，从第三学期开始，我也带领学员们选读梵语原典。我先讲授两部梵语佛经《心经》和《金刚经》。佛经梵语相对古典梵语，属于通俗梵语。这样，一方面便于学员学会读解梵语，另一方面可以让学员了解大乘佛教基本教义、思辨方式和佛经文体风貌。然后，我重点讲授迦梨陀娑的长篇叙事诗《罗怙世系》。因为我在前一期梵语研读班的教学实践中，发现对于梵语已经初步入门的学员，精读这部作品有诸多好处：扩大词汇量，熟悉各种语法形态和句法结构，同时能领略古典梵语诗歌的语言艺术，获得审美乐趣。而且，我认为学生能学会读解《罗怙世系》这样的古典梵语诗歌，可以视为基本学会梵语的标志。

在前一期梵语研读班上，选读的是《罗怙世系》的前三章和第八章，而且已经编成教材，收在《梵语文学读本》中。因此，在这期梵文班上，我带领学员们精读了《罗怙世系》的第四至第七章以及第九至第十九章。也就是说，上一期梵语研读班和这一期梵文班加在一起，我为学员们讲授了整部《罗怙世系》。在《罗怙世系》的整个教学过程中，我感觉到学员们始终沉浸在学习梵语的快乐中，故而他们在学业上的进步超出我的预期。在读完《罗怙世系》后，每位学员读解梵语原著的能力都在各自原有的基础上有了大幅度的提高。因为我的教学方法是要求学员事先预习，在课堂上先由学员讲解原文，说出句中每个词的词义和语法形态，据此说出句义。然后，我针对学员讲解中的问题，再重新讲解一遍。而学到最后，学员们的读解能力越来越强，我是能感觉到的。

这个梵文班为期三年的学业结束后，学员们又要求我教授他们巴利语。考虑到巴利语与梵语是亲缘语言，语法相通，有了良好的梵语基础，进入巴利语就会容易得多。于是，我又增加一个学期，教授巴利语。为此，我先译出一部巴利语语法。我手头有一本用英语撰写的巴利语语法（油印本）。当年我们在北大学习时，季先生在第五学年为我们讲授巴利语，发给我们这本教材。大学毕业后，我在研究工作中，也经常参考使用这本巴利语语法。但这本语法是经过删节的简本。这样，我找来原版本，即迪罗塞乐的《实用巴利语语法》，译出全文。

这样，赶在开学前，将这部《实用巴利语语法》译稿打印成册，开学后分发给学员们，先让大家自学。因为学员们已经掌握梵语语法，完全能读懂这部语法。随后，我开始选讲适合初学者的三部巴利语原典：《法句经》《经集》和《本生经》。学员们在学习过程中，可以随时参考这部巴利语语法。这部巴利语语法有个好处，它是专门为初学者编写的，对种种语法现象都尽力做出语言学解释，而且列有许多名词和动词变化表，便于查阅。这样，经过一个学期的教学，学员们初步学会了巴利语，今后可以结合自己的工作需要，在翻译和研究实践中不断提高。

结合这三年半的梵语和巴利语教学，我们也将教学成果编成教材。郭良鋆和葛维钧合作编撰了《梵语入门》，体例与我此前编撰的《梵语文学读本》相同，其中还收入季先生的《梵文语法讲义》和金先生的《梵文文法》。这两部讲义是依据当年的油印本重新排印的，它们是中国梵学史上的珍贵文献，开创了中国梵语教学的先河。

我主编了一部《梵语佛经读本》，可以视为与我此前编撰的《梵语文学读本》合成姐妹篇。因为现在有志于学习梵语的青年学者中，很多是从事佛教研究和佛教汉语研究的。这部《读本》选读了13部比较重要的梵语佛经，包含各种佛经文体以及梵语佛经使用的通俗梵语、古典梵语和混合梵语，提供现代汉语译文和语法解析。其中的佛教混合梵语，过去国内介绍很少。混合梵语是佛教语言从早期的俗语转变为梵语过程中出现的语言现象，即梵语中夹杂俗语语法成分。这种混合梵语较多见于佛经中的偈颂部分。而即使在完全使用正规梵语的佛经中，也难免会出现少量或个别混合梵语的词汇或语法形态。因此，要深入研究梵语佛经，是不可能绕过混合梵语的。这样，在这部《读本》中，我特意选入一些混合梵语现象比较突出的佛经。

同时，我编撰了《罗怙世系》梵汉对照读本，提供这部长篇叙事诗的全部梵语原文、汉译和语法解析。此外，我除了译出《实用巴利语语法》外，也依据我的巴利语教学内容编撰了一部《巴利语读本》。

这样，我们为国内提供了一个系列的梵语和巴利语教材。对于任何一门学科，编制教材是基础建设。这好比只有地基牢固，才能建起高楼。我们的这套梵语巴利语教材，是针对中国学生的特点编制的，而且选材均是印度梵语巴利语原典，保持原汁原味。我们希望这套教材能为中国梵文学科的长远发展发挥积极作用。

我回想自己从中学到大学学习英语的过程中，手边有国内学者编写的或详或略的英语语法书，也读了不少国内学者编写的英语注释读物，对于提高自己的英语水平，确实大有帮助。如今有了这样的梵语和巴利语教材，国内有志于学习梵语和巴利语的青年学者，只要有自学的能力，又有坚持不懈的毅力，一定能学会梵语和巴利语。一旦学会了梵语和巴利语，也就掌握了打开佛经原典和印度古代文化宝库的金钥匙，终生受用不尽。

但是，我们也必须看到，培养梵语人才，不仅是语言问题，语言只是工具。掌握了梵语，是为了从事相关的学科研究。利用梵语从事相关的学科研究，我们可以称之为梵学，或者古典印度学。梵学确是一门难治的学问。研究者首先要通晓梵文，而学会梵文比学会其他语言要花费更多的时间。如果只是掌握梵文的初步知识，就想从事相关学科的梵文研究，这样做出的学问很不牢靠。而学好了梵文，要在相关的学科领域做出研究成绩，又必须具有相关学科的较高造诣。同时，良好的中文修养也是不可或缺的。因此，每个有志于投身梵学研究的青年学者也必须对此有充分的思想准备，要比常人付出更艰辛的努力。

我在 2016 年 6 月 7 日《光明日报》上发表《梵文传承的关键是培养后继人才》一文。这是《光明日报》为贯彻习近平总书记在哲学社会科学工作座谈会上讲话精神而约我写的，因为总书记在讲话中提到冷门学科要"确保有人做，有传承"。我在这篇文章中指出中国现代梵文研究的开创者是季羡林和金克木。但应该说，中国目前的梵文研究总体上还处在起步阶段，培养人才依然是传承的关键。而我着重指出梵文研究是一门难治之学，意在提醒在培养人才工作中必须注意的方方面面，从而确保培养合格的、乃至高水平的梵文研究后继人才。

## 梵汉佛经对勘研究

以上是执行《梵文研究及人才队伍建设》项目中培养人才的任务。在梵文研究方面，我们也制订了一些梵语原典翻译和研究的项目。其中，我主持编辑《梵汉佛经对勘丛书》。

我为《梵汉佛经对勘丛书》撰写了总序，提出从事梵汉佛经对勘研究的学术设想。我指出自 19 世纪以来，西方和印度学者发掘和整理梵文佛经抄本的工作持续至今。当代中国学者也开始重视西藏地区的梵文佛经抄本的发掘和整理。这些抄本目前没有确切的统计数字。虽然不能说所有的汉译佛经都能找到相应的梵文原典，实际上也不可能做到这样，但迄今发现的这些抄本数量已经十分可观，超乎人们以往的想象。

中国学术界直至 20 世纪上半叶，才注意到国际上利用梵文佛经原典研究佛教的"新潮流"。引进这种"新潮流"，利用梵文佛经原典研究与佛教相关的中国古代文献的先驱者是陈寅恪、汤用彤、季羡林和吕澂等先生。然而，当时国内缺少梵文人才，后继乏人。时光荏苒，到了近些年，才渐渐出现转机。因为国内已有一批青年学子在学习梵文后，有志于利用梵文从事佛教研究。这条研究道路在中国具有开拓性，研究者必定会备尝艰辛，但只要有锲而不舍的精神，前景是充满希望的。

利用梵文从事佛教研究的方法和途径多种多样，研究者完全可以依据自己的学术兴趣和专长选择研究领域。而梵汉佛经对勘研究应该是其中的一个重要选项。这项研究的学术价值至少体现在以下几个方面：一是有助于读解汉译佛经。二是有助于读解梵文佛经。三是有助于佛教汉语研究。四是有助于中国佛经翻译史研究。

编辑出版《梵汉佛经对勘丛书》是一个长期计划，完成一部，出版一部，不追求一时的速度和数量。梵汉佛经对勘的版面格式是将梵文佛经原文按照自然段落排列，依次附上相应段落的现代汉语今译和古代汉译。现代汉语今译指依据梵文佛经原文提供的新译。为何要提供现代汉语今译呢？因为这样便于同行们检验或核实对勘者对原文的读解是否正确。如果读解本身有误或出现偏差，势必会影响对勘的学术价值。另外，国内利用汉译佛经从事相关研究的学者大多不通晓梵文，或者只是掌握一些梵文基础知识，尚未达到读解原典的程度。那么，我们提供的现代汉语今译可以供他们参考，为他们的研究助一臂之力。

对勘注释主要包括这几个方面：一是订正梵文佛经校刊本和汉译佛经中的文字讹误或提供可能的合理读法。二是指出梵文佛经与汉译佛经的文字差异之处。三是指出汉译佛经中的误译之处。四是疏通汉译佛经中的文字晦涩之处。五是诠释梵文佛经和汉译佛经中的一些特殊词语。由于我们已经提供了现代汉语今译，也就不需要逐句做出对勘说明，而可以依据实际需要，有重点和有选择地进行对勘注释。同时，利用这次梵汉佛经对勘的机会，我们也对古代汉译佛经进行标点。

总之，梵汉佛经对勘研究是属于佛教思想史、佛经翻译史和佛教汉语研究的基础性工作。在实际操作中，对勘者可以根据自己的学术专长，在某些方面有所侧重。我们的共同宗旨是对中国古代佛教文献的整理和研究作出各自的创造性贡献。

这样，除了梵语教学工作外，我将主要精力投入了梵汉佛经对勘研究。从事梵汉佛经对勘研究也是我长期埋藏心底的一个愿望。我在过去的梵语文学研究工作中，需要参考利用汉译佛经材料，而在阅读汉译佛经时，常会遇到一些不易读明白的词句，如果不需要引用，也就不求甚解，一掠而过。尤其是我在写作中印诗学比较论文《禅和韵》时，需要参考《楞伽经》。在阅读求那跋陀罗译的《楞伽跋多罗宝经》时，发现对于现代读者，阅读这部佛经颇有难度。故而，我一直希望以后能有时间进行梵汉佛经的对照阅读和研究。而且，金克木先生在晚年重读一些佛经，在论及《楞伽经》时，也指出为适应现代读者的需要，应该有一个"依据原本整理并加解说的本子"。因此，我着手做的第一部对勘著作是《梵汉对勘〈入楞伽经〉》。

义净在《南海寄归内法传》中说："所云大乘无过二种：一则中观，二乃瑜伽。中观则俗有真空，体虚如幻；瑜伽则外无内有，事皆唯识。"这是对中观和瑜伽行派最简要的概括。从《入楞伽经》阐述的思想看，既有"中观"，也有"瑜伽"。但它的阐述重点是"唯心论"，也就是后来通称的"唯识论"，诸如三自性、五法、两种无我和八识等。因此，佛教史家将它归入瑜伽行派佛典。

而《入楞伽经》传入中国后，不仅成为唯识宗的重要经典，也催生了禅宗。禅宗可以说是印度佛教在中国获得创造性转化的典范。中国禅宗在形成过程中，从《入楞伽经》中吸取了许多思想资源。中国禅宗中的渐修和顿悟说与《入楞伽经》中的渐次和顿时说有直接关联。我们现在通常将禅宗思想归纳为"不立文字，教外别传，直指人心，见性成佛"。仅从这个概括，我们就可以见出禅宗与《入楞伽经》的紧密关联。其中，"直指"相当于《入楞伽经》中常说的"自觉内知"或"自证法"。"人心"相当于"如来藏阿赖耶识"，或称"如来藏心"。"见性"相当于见到如来藏"本性光明纯洁"。"成佛"相当于"入如来地"。至于"不立文字，教外别传"，则导源于《入楞伽经》

中论及的宗通和说通。

　　《入楞伽经》现存三种汉译：求那跋陀罗译《楞伽阿跋多罗宝经》（四卷），菩提留支译《入楞伽经》（十卷），实叉难陀译《大乘入楞伽经》（七卷）。自古以来，《入楞伽经》在中国佛教典籍中，始终是一部号称"难读"的佛经。这不仅因为通行的《楞伽阿跋多罗宝经》译文颇多生涩之处，也因为《入楞伽经》本身义理比较深奥，内容又庞杂，这些都增加了读解的难度。中国古代，通常采取三种汉译本合读的方法读解《入楞伽经》。

　　法藏在《入楞伽心玄义》中对这三个汉译本有这样的评价：求译"四卷回文不尽，语顺西音，致令髦彦英哲措解无由，愚类庸夫强推邪解"。菩译"十卷虽文品少具，圣意难显，加字混文者泥于意，或致有错，遂使明明正理滞以方言"。实译"则详五梵本，勘二汉文，取其所得，正其所失，累载优业，当尽其旨，庶令学者幸无讹谬"。法藏本人参与了实译本的翻译工作，因此，对这三个汉译本有切身体会。

　　现在，我们通过梵汉对勘，可以知道求译的译文中，句中词序时常随顺梵文。梵文的句义需要依靠句中词语的语法形态认知。如果汉语译文的词序随顺梵文，又体现不出其中词语的语法形态，势必造成读解的困难。菩译的主要的问题是"加字混文"。因为对照现存梵本，菩译中时常采用阐释性译法，或添加阐释性文字。因此，菩译本的篇幅要比实译本多出四分之一。这种阐释性译法通常有助于读者理解原文，但也有可能掺杂译者个人主观理解而偏离原意，如法藏所说"或致有错"。

如果以现存梵本作为坐标，在这三个汉译本中，实译与现存梵本最为贴近。而且，它也借鉴和吸收了求译和菩译的一些长处，译文质量应该称得上是"后出转精"。但是，也应该指出，实译也存在一些译文不如菩译准确的地方。

对勘的宗旨是既用梵本帮助读解古代汉译，又用古代汉译帮助读解梵本。就《入楞伽经》梵本而言，尽管现有两种编订本，但里面仍然留存不少疑难之处。这样，参照古代汉译，不仅可以帮助疏通一些语句，也可以帮助厘清某些可疑之处，或改正某些在传抄中出现的讹误。就古代汉译本而言，各译本之间既有语句表达的异同，也有术语译法的异同。即使是同一术语，在同一译本中有时也会有不同译法，也有同一汉语用词对应不同的梵文原词。同时，译文中或多或少存在一些文字晦涩之处，也难免存在一些误译之处。而参照梵本，这些问题就比较容易看清和说明。因此，梵汉对勘的学术价值是显而易见的。

完成《梵汉对勘〈入楞伽经〉》后，我接着做的第二部著作是《梵汉对勘〈入菩提行论〉》。《入菩提行论》主要讲述达到菩提的修行方式。所谓"达到菩提"也就是证得最高智慧，成就"无上正等觉"。这部佛经使用偈颂体，共有九百多颂，分成十品。

《入菩提行论》的汉译本题名为《菩提行经》。译者天息灾出生在北印度迦湿弥罗国，后为印度惹烂驮罗国密林寺僧。他于宋朝与施护一同携带梵文佛经来华。当时，宋太宗效仿历代译场建制，设立译经院，供来华梵僧主持翻译佛经。这部佛经在当时印度很流行，因此也被译成汉文。但是，正如吕澂先生早已指出，《菩提行经》"译文拙劣，错讹甚多"，或"译文晦涩，且多错误"，因而译出之后，在汉地没有产生什么影响。然而，这部《入菩提行论》传入西藏地区后，有多种藏译本和注释本，备受推崇，产生很大影响。

鉴于上述情况，我这次进行《入菩提行论》梵汉对勘的目的有两个：一是提供《入菩提行论》的现代汉语新译，让读者了解这部佛经的原貌。二是探索造成这部佛经"译文拙劣"或"晦涩"的具体原因何在？通过对勘，我们可以发现，造成天息灾译本"译文拙劣"或"晦涩"的原因，从翻译的角度看，主要有两个：一是译者时常疏忽大意，没有正确辨认梵文句内或复合词内的连声，造成对一些词汇的误读。二是译者没有认真把握词语的语法形态及其体现的词与词之间的逻辑联系，造成对一些词句的误读。有些译文虽然也表达出基本意思，但由于对语法形态理解不精确，也就难免表达得不够顺畅清晰。

古代汉译佛经大多由中外僧人合译，但只署译主的名。汉译佛经的质量优劣，一般而言，"笔受"在其中起到关键的作用。鸠摩罗什的译本能成为汉译佛经中的上品，显然得益于诸如僧肇、僧睿和道生等这样一批优秀的"笔受"。宋代译经院的翻译机制从表面上看也很完善，设有译主、证梵义、证梵文、笔受、缀文、证义、参详、润文和监译。在《入菩提行论》的翻译中，天息灾作为译主，应该是通晓梵文经文的。证梵义和证梵文可能是来华僧人。这些僧人的佛学造诣和梵文水平也可能会参差不齐，尤其是汉语表达能力有限。他们通常会采取对梵文经文进行逐字解释的方法。笔受则是汉地僧人，一般不通晓梵文。这样，如果笔受与这些来华僧人交流不充分，便会不顾及那些词语之间的语法和逻辑关系，想当然地将它们拼凑串联成句，这就难免会偏离原意。再加上对一些词语的误读，甚至会译得面目全非。而那些来华僧人的汉语读解能力有限，也无法判断译文准确与否，在这种情况下，译文的质量自然不能得到保障。

《入菩提行论》天息灾译本中存在的这些问题，通过梵汉对勘，比较容易看出。对于不通晓梵文的读者，通过我提供的现代汉语译文，也能大体领会。为了便于对照，我的译文采取尽量贴近原文的翻译方法。通常，翻译允许译者保持一定的翻译自由度，因为与原文贴得太紧，译文往往会显得生硬滞涩。但出于对勘工作的需要，我觉得有必要适当限制这种翻译的自由度，同时仍要力求保持译文的明白顺畅。

正因为提供了《入菩提行论》的现代汉语译文，也就不必对天息灾译本逐颂做出对勘说明。而对勘的重点是探讨天息灾译本中译文失误或晦涩的原因。这一类的对勘说明前后共有百余处，数量已经足够。同时，这类对勘说明在前面部分做得多一些，因为后面部分中类似问题可以举一反三。事实证明，天息灾这个译本中的译文失误或晦涩之处确实很多，不胜枚举。因此，完全可以理解，这样的译本严重影响了这部佛经在汉地的流传。从中国佛经翻译史研究的角度看，古代译经正反两方面的经验都值得我们认真总结。

第三部著作是《梵汉对勘〈维摩诘所说经〉》。《维摩诘所说经》(简称《维摩诘经》) 是一部重要的大乘佛经。它富有思想创造性和艺术想象力,思辨恢宏深邃,议论机智诙谐,叙事生动活泼,堪称佛经中的一部佳构杰作。早在 2 世纪,它就传入中国,前后共有七译。现存三译,即支谦的《维摩诘经》、鸠摩罗什的《维摩诘所说经》和玄奘的《说无垢称经》。

在现代国际佛教研究中,19 和 20 世纪发掘和整理出许多梵文佛经原典。但《维摩诘经》的梵文原本却久觅不得。就在学术界普遍认为《维摩诘经》已经失传时,它却于 1999 年突然显身问世。那是日本大正大学综合研究所的学者在中国西藏的布达拉宫发现的。2004 年,这个研究所出版了梵文《维摩诘经》的拉丁字体转写本。2006 年,又出版了《梵文维摩经》校订本。这就为我们进行梵汉对勘提供了基本条件。

《维摩诘经》是一部成熟的大乘佛经。它运用诸法性空的般若智慧,全面阐述大乘义理,纵横驰骋,挥洒自如。它指出众生土便是佛土,说明佛法不离世间众生,如来种性不离尘世烦恼,也就是世间和出世间不二,有为和无为不二,生死和涅槃不二。它强调自心清净,则佛土清净。菩萨唯有"入非道",奉行"六波罗蜜",施展"方便善巧",教化众生,令众生获得清净心,这样才能造就清净佛土。

从《维摩诘经》中可以看出,大乘佛教对小乘佛教思想作了全面的创造性转化。对早期佛教以四圣谛为核心的一些基本义理，都做出全新的解释。而且，其中的许多论述直率地宣扬大乘优于小乘，说明佛教已完成从早期佛教到大乘佛教的转化，大乘义理已完全确立。

在中国佛经翻译史上，鸠摩罗什和玄奘双峰并峙，是两位具有里程碑意义的翻译家。关于《维摩诘经》的翻译，僧肇在《注维摩诘经序》中记载说：姚兴"每寻玩兹典，以为栖神之宅，而恨支竺所出，理滞于文，常惧玄宗坠于译人"。这说明早期的各种《维摩诘经》译本颇多文字滞涩难解之处。僧肇在《注维摩诘经序》中记叙了鸠摩罗什翻译《维摩诘经》的情景："什以高世之量，冥心真境，既尽环中，又善方言。时手执胡文，口自宣译。道俗虔虔，一言三复，陶冶精求，务存圣意。其文约而诣，其旨婉而彰，微远之言，于兹显然。"这段话准确地说明鸠摩罗什译经的特点及其取得杰出成就的原因。

首先，鸠摩罗什本人是一位佛教高僧，同时，他有众多的译经助手，如僧肇、僧叡、道生和道融等。这些助手都是汉地博览经史而兼通三藏的佛学高僧。他们怀着虔诚之心，与鸠摩罗什一起反复探讨经义，"陶冶精求，务存圣意"，而译文追求"质而不野，简而必诣"。鸠摩罗什的译经活动在促进佛经汉化方面取得非凡的成就，使中国的佛经翻译出现一个质的飞跃。而我们也应该看到，鸠摩罗什的译经成就有一半应该归功于他的那些参与讨论和担任笔受的译经助手。鸠摩罗什与这些译经助手可谓珠联璧合。在某种程度上，也可以说，正是这些优秀的译经助手造就了中国佛经翻译史上鸠摩罗什这样一位译经大师。

　　如今我们依据《维摩诘经》梵本原文，对照阅读什译和奘译，可以发现什译文字倾向于适当简化，而奘译忠实于原文，基本上做到逐字逐句全部译出，不予删削或简化，必要时，文字还略有增饰。在将梵语转化为通顺的汉语方面，奘译和什译是一致的。什译文字也无刻意雕琢或注重藻饰的迹象。而奘译有时会受原文约束，译文显得不如什译简约流畅。

　　造成鸠摩罗什和玄奘翻译风格的差异，其中重要的原因就是鸠摩罗什的翻译，在转换成汉语这个关节上，倚重笔受。那些笔受并不通晓梵语，而是经过与鸠摩罗什讨论，领会意义后，直接用汉语表达，不怎么受梵语原文的束缚。而玄奘的脑子里始终装着梵语原文，也就会力求完整无缺地译出。

　　实际上，玄奘也是十分尊重鸠摩罗什的翻译的。在他译的《说无垢称经》中，常常直接沿用什译中的一些语句。鸠摩罗什也是尊重前译的，在他译的《维摩诘所说经》中，有时也直接沿用支谦译文中的语句。沿用前人译文中的一些成熟的语句，在中国古代佛经翻译中，已成为一种翻译惯例。这说明古代高僧们襟怀坦荡，即使批评旧译，也不抹煞旧译中的可取之处。他们将译经视为共同的事业，唯一的目标是努力向社会提供最完善、最准确的译文。这与现代翻译界重视所谓的"个人著作权"，忌讳沿用他人的译文语句，不可同日而语。

　　这里还应该提到窥基的《说无垢称经疏》。这部注疏虽然完全依据奘译本，但自始至终对照什译本，对什译提出批评。因此，我们也可以将这部注疏视为中国佛经翻译史上一个难得的翻译批评个案。现在，我们有了《维摩诘经》的梵语原本，通过对勘便可以发现窥基僵硬地以玄奘的译文为绝对标准，一味挑剔什译，存在许多批评失实之处。窥基这种翻译批评的致命弱点在于他不通晓梵文，不能依据梵本原文，比照什译和奘译，对什译做出实事求是的评论。而且，他怀有"门户之见"，言词之间明显透露出对鸠摩罗什抱有偏见，缺乏公允之心。隋彦琮曾提出佛经翻译"八备"说，即佛经翻译家应该具备的八个条件，其中包括"襟抱平恕，器量虚融，不好专执"，"不欲高炫"，"要识梵言，乃闲正译"。其实，这些条件不仅适用于佛经翻译，也适用于佛经翻译批评。这也许可以视为窥基对什译批评这个个案从反面给予我们现代翻译批评的重要启示。

　　第四部著作是《梵汉对勘〈神通游戏〉》。在现存的梵语佛典中，以佛陀传记为主题的佛经主要有三部：《大事》、《神通游戏》和《佛所行赞》。《神通游戏》和《大事》这两部佛经都属于混合梵语佛经。其中，《神通游戏》的混合梵语主要体现在偈颂部分，而《大事》的混合梵语同时体现在散文和偈颂两部分。《佛所行赞》则是古典梵语佛经。《神通游戏》现存梵本有二十七品，讲述佛陀从兜率天下凡，入胎诞生，离宫出家，修行得道，转动法轮。与《神通游戏》对应的汉译佛经是西晋竺法护译《普曜经》和唐地婆诃罗译《方广大庄严经》。其中，《方广大庄严经》的标题标明"一名《神通游戏》"。

　　隋阇那崛多译《佛本行集经》，篇幅相当于《神通游戏》的三四倍，可以说是现存各种语言佛经中篇幅最长的一部佛陀传记。这部佛经的结尾处提到有五部分属各部派的佛陀传记："摩诃僧祇师名为《大事》。萨婆多师名为《大庄严》。迦叶维师名为《佛生因缘》。昙无德名为《释迦牟尼本行》。尼沙塞师名为《毗尼藏根本》。"其中,"摩诃僧祇师"(即"大众部")的《大事》就是现存的那部混合梵语佛经《大事》。"萨婆多师"(即"说一切有部")的《大庄严》就是《神通游戏》。"昙无德师"(即"法藏部")的《释迦牟尼本行》就是《佛本行集经》。这里提到的五部佛陀传记,除了《神通游戏》外,《佛本行集经》无梵语原典,《大事》无汉译,其他两部则既无梵语原典,也无汉译。

通过《普曜经》和《方广大庄严经》与梵语原典《神通游戏》的对勘可以看出,《方广大庄严经》的文本与现存梵本一致,只是其中的《感梦品》《出家品》后半部分以及《降魔品》中某些部分的文本有差异。在其他二十四品中,无论散文或偈颂,基本上从头至尾都能一一对应。同时也需要指出的是,地婆诃罗的翻译方法以"意译"为主,译文在内容和文字上倾向于简化,有时甚至可以称为"编译",而非逐段逐句逐字的对译。虽然简化的程度在各品译文中也表现不一,但若参照鸠摩罗什译《维摩诘所说经》,那么,从总体上说,地婆诃罗译文的简化程度远远超过鸠摩罗什的译文。

而竺法护译《普曜经》的文本与现存梵本基本不同。虽然其中有不少品的文本与梵本比较接近,但文字表述经常有较多的差异。但是,应该说全经的内容、情节和结构与现存梵本是一致的。而且，现存梵本中有些文字内容不见于地婆诃罗译本，而见于竺法护译本。这些说明他俩依据的文本属于同一传本体系，也就是"说一切有部"的体系。由此，也可以认为《普曜经》的文本是《方广大庄严经》文本的前身。

依据《佛本行集经》中的说法，《神通游戏》是属于"说一切有部"的佛陀传记。而唐智昇在《开元释教录》中，将《方广大庄严经》和《普曜经》归入大乘经。智昇的这种归类应该说是合适的。从《普曜经》《方广大庄严经》和现存梵本《神通游戏》这三种文本之间存在的种种差异看，它的文本在现存梵本《神通游戏》之前并没有定型，文字内容始终保持着流动性。这样，随着部派佛教向大乘佛教发展，它的早期文本在流传中也顺应着这种发展，吸收大乘的义理和叙事风格。

在《神通游戏》中，佛陀的形象已从早期佛教中的人间导师演变为至高的神。而在塑造神的形象方面，婆罗门教的史诗和往世书已经积累了丰富的资源，很容易借鉴和利用。史诗和往世书中的英雄主人公通常都是神的化身。如毗湿奴大神曾多次化身下凡，降妖伏魔，拯救世界。黑天便是毗湿奴的化身之一。他从天国下凡，通过人间的母胎降生，在婴童和少年时就展现种种神奇的威力。而佛陀也是从兜率天下凡，进入摩耶夫人的胎中，降生人间。作为婴孩，入天祠时展现非凡的神力。作为儿童，进学堂时，展现非凡的智力。而作为王子，娶妻采取校场比武的方式，这也与两大史诗中主人公的娶妻方式相同。还有，毗湿奴的化身罗摩降伏十首魔王罗波那，黑天协助般度族战胜俱卢族（实际也是神魔之战），而佛陀在菩提道场降伏摩罗。摩罗是佛教中的魔，伴随有魔军和魔女，代表死亡和欲望。他的另一个常用称号是那牟吉。而那牟吉也是史诗和往世书中的一位阿修罗的名字。因此，在一定意义上，也可以说《神通游戏》是一部以佛陀为英雄主人公的史诗。

佛教在早期是与婆罗门教抗衡的宗教。随着佛教在社会中的地位得到确立，日益发展壮大，以至后来得到阿育王和迦腻色迦王这样一些著名帝王的支持。这样，很自然会吸引不少婆罗门皈依佛教。实际上，在佛教僧团中，尤其在高僧阶层中，婆罗门始终占有相当的比重，他们必定会自觉不自觉地将婆罗门教文化资源带进佛教。

佛教处在古代印度文化的大背景下，依据自身发展的需要，吸收和利用婆罗门教的文化资源是正常现象。实际上，不仅佛教在发展中吸收婆罗门教的思想营养，同样，婆罗门教在发展中也吸收佛教的思想营养。如果我们能将佛教放在印度古代文化的大背景下，注意观察它与婆罗门教之间的互动，既互相抗衡又互相交流的客观实际，便会对佛教发展中出现的有些现象产生更深刻的理解。

第五部著作是《梵汉对勘〈佛所行赞〉》。《佛所行赞》的作者是著名的佛教诗人和戏剧家马鸣，约公元1、2世纪人。现存作品除了叙事诗《佛所行赞》外，还有叙事诗《美难陀传》以及三部戏剧残卷。这些作品都属于古典梵语文学范畴。《佛所行赞》的梵文抄本现存14章，而据古代汉译本和藏译本，全诗共有 28 章。

在汉译佛经中，还有一部题名为刘宋宝云译的《佛本行经》。在历代经录中，《佛所行赞》和《佛本行经》这两个书名存在混淆不清之处。如僧祐《出三藏记集》中记载宝云译《佛所行赞》。慧皎《高僧传》中记载宝云译《佛本行赞经》。而《大唐内典录》中记载昙无谶译《佛本行经》，也记载宝云译《佛所行赞》。而《开元释教录》却记载昙无谶译《佛所行赞经传》，宝云译《佛本行经》。看来，昙无谶译《佛所行赞》和宝云译《佛本行经》这样的题署基本上是由《开元释教录》定下的。一般说来，早期的记载应该更接近历史事实，是否《佛所行赞》的真正译者应该是宝云？但是，我们现在只能按照久已通行的署名，将《佛所行赞》的译者题署为昙无谶。

《佛所行赞》描写释迦牟尼从诞生、出家、修行、成佛、传道直至涅槃的生平传说。全诗符合古典梵语叙事诗的艺术规范。例如，古典梵语叙事诗要求分章，《佛所行赞》分成 28 章。内容通常含有情爱、政治和战斗等，《佛所行赞》第四章中描写后宫妇女竭力引诱王子沉湎情爱欢乐，第九和第十章中分别描写净饭王的大臣和频毗沙罗王劝说王子履行治国职责，第十三章中描写王子战胜魔女和魔军，降伏摩罗。还有，《佛所行赞》中使用多种诗律，语言纯朴优美，明喻、隐喻、夸张、奇想、用典和谐音等修辞手段丰富，人物形象生动，并注重传达各种情味。

但是，与其他的古典梵语叙事诗相比，《佛所行赞》的后半部分，描写佛陀在各地度化众生，从不同侧面宣说四圣谛和八正道，说教的内容多了些。当然，这些说教内容并不完全是抽象的说理文字，常常含有形象生动的比喻。对于喜爱聆听佛法的信众来说，或许还会更受欢迎。唐义净在《南海寄归内法传》中这样评价《佛所行赞》："意明字少而摄义能多，复令读者心悦忘倦，又复纂持圣教能生福利。"确实把握住了《佛所行赞》的思想内涵和艺术特点。

《佛所行赞》是叙事诗，昙无谶的汉译也采用诗体，而且通篇采用汉语五言诗体。梵文诗每节由 4 行组成。每行通常由 8 个以及 8 个以上的音节组成。这些音节按照长短音的有规则配合，形成不同的诗律。《佛所行赞》梵本中使用的主要输洛迦体、乌波迦提体和凡舍斯陀体，每行的音节分别是 8 个、11 个和 13 个。因此，汉语五言诗体难以适应这些诗律，尤其是 11 个和 13 个音节的诗律。这样，昙无谶的译文中难免会出现增添或删略诗行或词语的情况。但是，我们需要注意的是，统观昙无谶译《佛所行赞》，译文中出现删略或增添，原因也不能完全归于梵汉诗律不同。因为译者本身在主观上就没有一定要依照原文逐字逐句译出的想法，而更多考虑的是怎样适应汉语的表达方式，便于读者理解和接受。所以，文字表述大多会有不同程度的变易，甚至索性按照原诗大意，加以改写。

昙无谶译《佛所行赞》中还有明显删略原文的现象。如第二品中描写宫中妇女以种种媚态取悦王子，完全删略；第三品中描写王子出宫游园途中，城中妇女争相观看王子，有些描写带有艳情色彩，完全删略；第四品中描写园林中妇女们挑逗和引诱王子，完全删略，而代之以五言十二句的简略描述；第五品中描写王子目睹宫中妇女们种种丑陋的睡相，则予以压缩，改写成五言十三句，删略了那些带有艳情色彩的词语。这些删略更是无关乎诗律，而完全是顺应汉地的伦理观念和心理习惯。

由于《佛所行赞》的梵本仅有前半部分，后半部分无法进行梵汉对勘。这样，为了保持经文的完整性，我也附上昙无谶译《佛所行赞》的后半部分，也为这部分做了注释，供读者参考。

第六部著作是《梵汉对勘〈阿弥陀经·无量寿经〉》。《阿弥陀经》、《无量寿经》、《观无量寿佛经》和《无量寿经优波提舍愿生偈》（也称《往生论》）是中国佛教净土宗的根本经典，合称"三经一论"。

"净土"是大乘佛教中出现的观念。大乘的修行方式也可以用"菩萨行"三字概括。修行者首先要发起菩提心，进而长期修行"六波罗蜜"，证得无上正等菩提，达到涅槃。但达到涅槃，不入涅槃，而在世间弘扬佛道，救度众生。菩萨不仅在此生这样做，而且自愿进入生死轮回，立志要引导一切众生摆脱苦海，达到涅槃。这样，菩萨本人修行和获得菩提，然后引导众生修行求取菩提，是大乘佛教贯彻始终的指导思想和救度众生的根本方法。但在思考和探索如何救度众生方面，也提供了另一条途径，即引导众生往生净土。大乘佛教认为十方世界有无数净土和净土佛。其中著名的有东方的阿閦佛净土和药师佛净土，西方的阿弥陀佛净土。

在中国佛教中，产生最大影响的净土是西方阿弥陀佛净土。阿弥陀本名无量寿或无量光。阿弥陀佛净土也称"极乐世界"。现存关于阿弥陀佛净土的佛经梵本有大小两种，经名均为《极乐庄严经》。相当于小本的汉译佛经有鸠摩罗什译《阿弥陀经》和玄奘译《称赞净土佛摄受经》。其中鸠摩罗什译本为通行本。相当于大本的汉译佛经有后汉支娄迦谶译《无量清净平等觉经》、吴支谦译《阿弥陀三耶三佛萨楼佛檀过度人道经》、魏康僧铠译《无量寿经》、唐菩提流志译《无量寿如来会》和宋法贤译《大乘无量寿庄严经》。其中，康僧铠译本为通行本。

从这些阿弥陀佛净土经中，可以看到体现大乘净土信仰的两个重要特色：一是强调菩萨的发愿，二是强调往生净土方法中的忆念和观想净土佛。菩萨发愿造就净土，这种誓愿在汉译佛经中通常称为"本愿"。这种"本愿"是菩萨造就净土的精神动力。依靠这种"本愿力"，菩萨长期修行，最终造就净土。同时，这种"本愿力"能护持众生，以至众生只要忆念或观想净土佛，就能消除无数劫中犯下的罪业，而往生净土。

在早期佛教中，始终强调"因果报应"和"业力不灭"，也就是善有善报，恶有恶报，在得到果报前，业力不会消失。同时，个人所造之业必由自己承担果报，他人无法取代。然而，大乘佛教本着救度众生的慈悲心，突破早期佛教的业力观，提倡将自己积累的功德用于消除众生的恶业。这样，凭借净土佛本愿力的护持，众生能迅速除尽恶业，脱离苦海，往生净土。

与此相关，大乘佛教也发展出"回向说"。"回向"是指将自己的功德转移他用或奉献给他人。就菩萨而言，将自己修行积累的功德回向求取无上正等菩提，以及回向众生，救度众生。在净土信仰中，菩萨则将自己修行积累的功德回向造就净土，以及回向众生，消除众生的恶业，便于众生往生净土。

由于菩萨的本愿力和功德回向的作用，与修行六波罗蜜而达到涅槃相比，通过忆念或称念净土佛而往生净土显然要方便容易得多。故而，昙鸾在《往生论注》中将前者称为"难行道"，而将后者称为"易行道"，即"但以信佛因缘，愿生净土，乘佛愿力，便得往生彼清净土"。

鸠摩罗什译《阿弥陀经》和玄奘译《称赞净土佛摄受经》均属于小本。通过比对现存梵本，可以知道鸠摩罗什译《阿弥陀经》与现存梵本基本一致，而玄奘译《称赞净土佛摄受经》的文字内容要多于现存梵本。相对于鸠摩罗什译本，可以说玄奘译本依据的是小本中的增饰本。应该说，鸠摩罗什译本和玄奘译本都是汉译佛经中的典范译品。但两相比较，鸠摩罗什译本文字简约流丽，更适合汉地读者的口味。再加上鸠摩罗什译本产生在先，故而始终成为通行本，历代注疏也大多依据鸠摩罗什译本。

《无量寿经》的上述五种汉译本均属于大本，虽然主要内容基本一致，但文本存在诸多差异。而现存梵本与以上五种汉译本比对，也是主要内容基本一致，而文本存在诸多差异。以上情况说明，印度古代的传承方式以口耳相传为主，抄本书写为辅。口耳相传难免出现种种差异，而形成不同的抄本。《无量寿经》传入中国后，受到普遍欢迎，而当时的文本还处在流动状态中，没有定型。因此，译经家依据不同的抄本，一再重译。

但是，同一部经有多种译本，而且文本内容和文字表达存在诸多差异，势必会令读者难以适从，而影响流传。因此，《无量寿经》在中国的传承中，出现《无量寿经》"会集本"，即依据几种汉译本进行校辑，编成"会集本"。最早出现的"会集本"是南宋王日休的《大阿弥陀经》。王日休从事的校辑并不依据和参考梵本，而只是辑录《无量寿经》四种汉译本的文字，删芜存菁，取长补短，努力提供一个条理井然而文字顺畅的文本。此后，沿袭这一方法，有清魏源会集并经王荫福校订的《摩诃阿弥陀经》。近代又有夏莲居会集的《无量寿经》（全称《佛说大乘无量寿庄严清净平等觉经》）。夏莲居的这个会集本内容完备而文字简约晓畅，适合现代读者的口味，因此，问世以来，成为近现代中国的《无量寿经》通行本。

通过现存梵本与康僧铠的《无量寿经》对勘，可以看出译文使用浅近的文言，文体风格也趋向简约。就文字总体水平而言，要优于梵本原文。梵语佛经适应口头传承的方式，使用通俗梵语，抄本文字也呈现口语化，因此，有时文字表述显得松散，或文意不够慎密严谨，是可以理解的。而中国古代译经家常常能凭借自己的佛学造诣和文字才能，化解梵本原文中的这种不足，提供译文优于原文的译品。康僧铠的译文，偈颂使用五言诗体，而散文通篇使用四言（偶尔五言）短语，结缀成句，词汇丰富，语意顺畅。倘若依据梵语原文，逐字逐句对译，不可能译成这样。这样的译文通常是在理解原文的基础上，融会贯通，而转换成符合汉语特点的表达方式。其中，必然也会有对原文文字进行必要的增删或调整。确实，中国古代佛经翻译中许多有益的经验，值得我们认真考察和总结。

《观无量寿经》的梵本迄今尚未发现，无法进行梵汉对勘。我将它收入本书是为便于读者对中国净土宗的"净土三经"有个完整的了解。此经只有刘宋畺良耶舍的一种译本，译文质量应该说也是很好的。我也对经文做了注释，供读者参考。

以上六部梵汉佛经对勘著作已于 2010 ～ 2016 年由中国社会科学出版社出版。此外，我也已经完成《唯识论三种》、《究竟一乘宝性论》和《妙法莲华经》的梵汉对勘，将由中国社会科学出版社陆续出版。

# 巴利语《法句经》

在此期间，我也完成一部《巴汉对勘〈法句经〉》。巴利语是印度早期佛教使用的语言。佛教创始人佛陀（公元前 6、5 世纪）在世时，反对用婆罗门教经典使用的梵语宣教，而主张用佛教徒各自的方言俗语宣教。佛陀本人的宣教地区主要在摩揭陀和拘萨罗地区，因而他主要使用这两个地区的方言。佛陀逝世后，先后举行过三次佛经结集。佛教经、律和论"三藏"的最后定型是在公元前 3 世纪的第三次结集。按照传统的说法，这次结集使用的语言是摩揭陀语。这次结集是由上座部主持的，故而这部"三藏"也称为上座部佛教"三藏"。此后，这部"三藏"传入斯里兰卡。长期以来，"三藏"的传承主要依靠口耳相传的方式，至公元前 1 世纪，才在斯里兰卡用文字写定，从此得以比较稳定的传承。

用"巴利"这个词指称这部三藏经典使用的语言是晚出的事。原本在三藏经典中没有这种用法，后来在三藏经典的注疏中，出现用这个词指称有别于注疏的经典。继而，这个词渐渐引申为指称这部三藏经典使用的语言。这样，它就成为我们现在通称的"巴利语"。

佛教于公元前后传入，正是印度大乘佛教兴起时期。大乘佛教改变早期使用方言俗语宣教的语言政策，开始使用梵语。因此，传入中国的主要是使用梵语的大乘佛经。巴利语三藏基本上没有译为汉语。

《法句经》是巴利语经藏小部中的一部经。这是一部早期佛教的格言诗集。这些格言诗采集自经藏各种经文中的偈颂，共有 432 颂，分为 26 品，每品围绕一个主题。传统认为这些格言诗都是佛陀针对某人某事有感而发，体现佛陀对世界和人生的思考和洞察。这些格言诗蕴含早期佛教的基本教义：四圣谛（苦、集、灭、道）、戒定慧和三法印（无常、无我、涅槃）。其中不少格言诗也蕴含对于人类具有普遍意义的人生哲理和伦理教诲。同时，这些格言诗诗律简易，语言晓畅，比喻生动，警句迭出，因而问世后，深受广大佛教徒和教外读者喜爱，盛传不衰。

在汉译佛经中，有吴天竺沙门维祇难等译的《法句经》。《法句经序》中称这部经的原文为"胡语"或"天竺语"。在早期译经活动中，"胡语"一词涵盖从西域至印度的各种方言俗语，也包括梵语或混合梵语。但估计原文不会是巴利语。因为前面提到巴利语《法句经》已经定型，而汉译《法句经》不仅比巴利语文本多出13品，而且相应部分的译文也与巴利语文本有诸多差异。巴利语文本在转换成其他语言传承时，出现种种变异是很自然的，尤其是在以口传为主要传承方式时，更是如此。

继维祇难等译《法句经》之后，又出现晋沙门法炬共法立译《法句譬喻经》、后秦竺佛念译《出曜经》和宋代天息灾译《法集要颂经》。这说明《法句经》在中国古代影响深远。《法句经》的生命力在于它本身的思想和艺术感染力，也在于它具有佛教入门书的性质。对此，《法句经序》中已指明："其在天竺，始进业者，不学法句，谓之越叙。此乃始进者之鸿渐，深入者之奥藏也。"正因为如此，古代印度来华僧人对《法句经》都是熟记在心的。这样，他们一再与中国高僧合作译介《法句经》，也就不是偶然的。

这次，我利用巴利语《法句经》与维祇难等译《法句经》进行对勘，因为维祇难等译《法句经》共有39品，其中第九《双要品》至第三十五《梵志品》（除去第三十三《利养品》）恰好与巴利语《法句经》的 26 品对应，而且品名和次序都一一对应。可以说，维祇难等译《法句经》是巴利语《法句经》的一种转译本，但转译所据语言是俗语还是梵语，无法确证。而无论是俗语或梵语，都是与巴利语相近或相通的。

通过巴汉对勘，可以看出，维祇难等译《法句经》这 26 品的文本与巴利语《法句经》一脉相承，只是偈颂有所增补。就每首偈颂的文字表达而言，也可以说大体一致，但其中有不少偈颂存在不同程度的差异或变异。这种差异的产生有两方面的原因：一是巴利语转换成其他俗语或梵语时，可能会出现某种程度的文字变异。二是在译为汉语时，也会鉴于各种情况而造成某些变异。我们从译文本身可以体会到，维祇难等可能注重传达经文意义，并不刻意追求逐字逐句对应。故而，我们会发现译文中，文字或删略，或增添，或改变表达方式，是常见现象。有些译文看来只是取原文的主旨或大意，而自由改写。同时，我们应该知道，佛经汉译通常由来华僧人与汉地高僧合作进行。这部《法句经》的传译是竺将炎，笔受是支谦。而据《法句经序》，"将炎善天竺语，未备晓汉"。那么，竺将炎能否用粗通的汉语充分而准确传达原文意义起到关键作用。不可否认，这部《法句经》中，有一些偈颂的译文句义滞涩，文气不畅。对照巴利语原文，便可发现其中有对原文理解或表达出现偏差的问题。

维祇难等译《法句经》的文体风格近于"质直"。支谦在《法句经序》中已对这一点做出说明，即听从维祇难的意见，

"因循本旨，不加文饰"。佛经文体一般倾向于质朴和繁冗。而佛经中的偈颂，受诗律或音节数量的限制，相对散文而言，文字也是简练的。因此，巴利语《法句经》文体风格可以说是简练而质朴。维祇难等译《法句经》在这方面与巴利语《法句经》一致。但就文字的流利晓畅而言，维祇难等译《法句经》稍逊于巴利语《法句经》。这说明佛经翻译也需要有个经验积累的过程。

早期佛经翻译中，难免存在这样或那样的不足之处，造成读解的困难。而对于现代读者，由于古汉语的隔阂，会更添一层读解的困难。这样，采用原文和译文对照阅读的方式，对克服这类障碍很有帮助。通过比照原文，可以更准确理解和把握译文表达的意义，或发现译文中出现的某种变异，并有助于思考为何会出现这种变异？对于时不时会遇到的一些疑难词句，通过查核对应的原文，意义就比较容易得到确定。

中国拥有庞大的佛经资源，而相比之下，佛经的注释本还十分有限。随着时代和语言的发展变化，时间相隔越久，注释的难度会越大。佛经的注释工作任重道远，应该受到学术界的重视。

这部《巴汉对勘〈法句经〉》已于 2015 年由中西书局出版。

## 《瑜伽经》

此外，我还翻译了印度哲学经典《瑜伽经》。瑜伽修行在印度源远流长，现代学者一般将它的源头追溯至公元前二三千年的印度河流域文明时期。瑜伽修行的早期形态见于《奥义书》和《摩诃婆罗多》。对瑜伽修行进行理论总结的最早著作是钵颠阇利的《瑜珈经》，其成书年代约在公元 2 ～ 5 世纪。

《瑜伽经》共有 4 章，包含 194 条经文。第一章《入定》开宗明义指出瑜伽是入定，抑止心的活动。其中讲述心的各种活动状态以及抑止心的活动的入定状态：有智入定、无智入定、有种子入定和无种子入定，也讲述达到入定的一些方法。第二章《方法》讲述人生痛苦和烦恼的根本原因是没有认清心的知觉与原人（即"自我"）的区别。因此，需要修习瑜伽八支，以排除无知，求取真知，而获得解脱。本章具体讲述了瑜伽八支中的前五支（即"外支"）：自制、遵行、坐姿、调息和制感。第三章《成就》讲述瑜伽八支中的后三支（即"内支"）：专注、沉思和入定。同时讲述瑜伽行者由此获得的种种成就。第四章《独存》讲述瑜伽修行的最终目的是达到独存，即获得解脱。

在《瑜珈经》问世后，相继出现《瑜伽经》的各种注疏。现存最早的一部注疏是毗耶娑的《瑜伽论》，或称《毗耶娑注疏》。这位毗耶娑与《摩诃婆罗多》的作者毗耶娑同名，但不是同一人。他的出生年代一般认为在 5、6 世纪。此后的注疏是对毗耶娑注疏的复注。因此，钵颠阇利的《瑜伽经》和毗耶娑注疏可以合称为瑜伽哲学的基本经典。

婆罗门教在印度文化中始终占据主流地位，因此印度古代哲学通常分为正统的六派哲学，即数论、瑜伽、胜论、正理、弥曼差和吠檀多哲学，以及非正统的佛教、耆那教和顺世论哲学。虽然瑜伽也作为一种哲学，但它的本质特点是修行方法，内含的哲学主要是数论哲学。实际上，瑜伽修行作为一种古老的修炼身心的方法，为印度各派宗教和哲学所接受，而成为它们的共同遗产。

凡熟悉佛教的读者都会发现佛教修行与数论瑜伽修行存在诸多的相通和相异之处。佛教和数论瑜伽两者处在一种互动的关系中，既自觉地互相对峙和批评，又不自觉地互相借鉴和吸收。实际上，佛教与婆罗门教正统哲学其他派别的关系也是如此。因为佛教是在婆罗门教占据主流地位的文化背景中诞生、成长和发展的，它既与婆罗门教共享印度古代文化资源，又与婆罗门教不断进行思想交锋。因此，了解婆罗门教各派哲学思想，肯定有助于深入了解佛教哲学思想。

我这次翻译钵颠阇利的《瑜伽经》，连同毗耶娑注疏一起译出。印度各派哲学的原始经典大多采取经文体，类似格言式的句子，文字简练。因为印度古代长期固守口耳相传的传承方式，经文体便于记诵。哲学老师依据这种扼要的经文，采取讲经的方式向学生传授，现存的注疏就相当于老师的讲解。因此，只阅读《瑜伽经》经文，是难以充分理解这些经文的含义的。

近现代以来，中国始终有一些学者坚持不懈从事印度哲学研究，积累了不少学术成果。但由于梵语人才稀缺，印度哲学原典的翻译一直是个薄弱环节，而且，印度哲学原典翻译的难度也是学术界公认的。我这次翻译《瑜伽经》和毗耶娑注疏，努力要求自己读通原文，也希望读者能读懂我的译文，故而我添加了不少注释，主要参考筏遮塞波底·弥室罗对毗耶娑注疏的复注，也参考现代学者研究数论和瑜伽的一些相关著作。

　　还有，关于印度哲学术语的译名问题，中国古代有悠久的佛经汉译传统，其中许多术语译名可供借鉴或直接沿用，这也是中国现代学者翻译印度古代典籍的一个优势。但也需要注意，有些术语在不同宗教派别之间存在含义差别，同时由于古今汉语的隔阂，有些古代汉语译名不能适应现代汉语语境，应该创制新的译名。然而，这需要一个翻译经验积累和约定俗成的过程，有待学者们共同努力。

　　现在国内新一代梵语学者已经成长起来，希望其中从事印度哲学研究的梵语学者能不畏艰难，在深入研究的基础上，逐步将印度古代哲学各派经典连同注疏一起译出，并努力让译文适应现代汉语语境，为中国的印度哲学研究的进一步展开奠定坚实的基础。

　　这部《瑜伽经》已于 2016 年由商务印书馆出版。

　　回顾我这一生，跋涉在梵学路上，乐在其中。我一步一步行走着，我的生命也就这样在不知不觉中步入了桑榆之年。但是，梵学研究对我的吸引力依然丝毫未减。我想做的研究工作还很多，只要我还有精力，我会继续工作下去。这应该是每位有幸能成为学者而必然享有的高尚美好的命运。

在家中阳台上

# 附录一：学术活动及大事年表

1942 年　7 月 25 日出生在上海市。

1948 年　就读上海市务定小学。

1953 年　就读上海市五四中学初中和高一。

1958 年　就读上海市虹桥中学高二和高三，加入共青团。

1960 年　就读北京大学东语系梵文巴利文专业。

1965 年　进入中国科学院哲学社会科学部外国文学研究所东方文学组，借调图书室整理西文图书。

1966 年　上半年，赴江西丰城参加农村社会主义教育运动，下半年回北京，参加"文化大革命"运动。

1969 年　与大学同班同学郭良鋆结婚。

1970 年　赴河南息县参加"五七干校"。

1972 年　年底从"干校"返回北京。

1975 年　外国文学研究所开门办所，参加冯至先生主持的《鲁迅与外国文学》研究组，赴北京东方红汽车制造厂，与工人合作研究。

1978 年　借调《世界文学》编辑部任编辑。《印度现代短篇小说集》（合译）由人民文学出版社出版。担任《中国大百科全书》外国文学学科南亚文学编委会成员。外国文学研究所在广州召开全国外国文学工作规划会议，并成立中国外国文学学会，参加会议，担任秘书工作。

1979 年　回到东方文学研究室。《伊斯拉姆诗选》（合译）

由人民文学出版社出版。

1980 年　中国社会科学院恢复职称评定，任助理研究员。《印度哲学》（合译）由商务印书馆出版。《马克思主义与文学批评》（合译）由人民文学出版社出版。

1981 年　《印度现代文学》（合译）由人民文学出版社出版。

1982 年　任外国文学研究所南亚西亚非洲文学研究室主任。加入中国共产党。

1983 年　晋升副研究员。《印度短篇小说选》（合译）由人民文学出版社出版。

1984 年　加入中国作家协会。

1985 年　任外国文学研究所副所长。《佛本生故事选》（合译）由人民文学出版社出版。

1987 年　任中国外国文学学会秘书长。

1988 年　晋升研究员。《印度古代文学》由知识出版社出版。

1991 年　《印度古代文学史》（合著）由北京大学出版社出版，获国家社科基金项目优秀成果奖。

1992 年　享受国务院颁发的政府特殊津贴。

1993 年　《印度古典诗学》由北京大学出版社出版，获中国社会科学院第二届优秀科研成果奖。《东方文学史》（合编）由吉林教育出版社出版。任"东方文化集成"南亚文化编主编。

1994 年　主持印度史诗《摩诃婆罗多》翻译。

1997 年　获国家"有突出贡献的中青年专家"称号。

1998年　任外国文学研究所所长，兼任《世界文学》主编。

1999年　任中国外国文学学会会长。在上海召开中国外国文学学会第六届年会，致开幕词。《摩诃婆罗多·毗湿摩篇》由译林出版社出版，获全国优秀外国文学图书一等奖。《外国文学史》（合编）由高等教育出版社出版。《惊梦记》（收入《世界经典戏剧全集》）由浙江文艺出版社出版。

2002年　任中国作家协会全国委员会委员。任《中国大百科全书》第二版外国文学学科副主编。在武汉召开中国外国文学学会第七届年会，致开幕辞。

2003年　任《中国大百科全书》总编辑委员会委员。

2004年　在长沙召开中国外国文学学会第八届年会，致开幕辞。

2005年　《摩诃婆罗多》（合译）和《〈摩诃婆罗多〉导读》由中国社会科学出版社出版。《摩诃婆罗多》获首届中国政府图书出版奖。

2006年　当选中国社会科学院学部委员。

2007年　开设梵语研读班，教授梵语原典精读，为期两年。

2008年　《梵语诗学论著汇编》（译著）由昆仑出版社出版。

2009年　主持国家社科基金重大委托项目《梵文研究及人才队伍建设》，任中国社会科学院梵文研究中心主任。

2010年　《梵语文学读本》由中国社会科学出版社出版。开设梵文班，教授梵文巴利文，为期三年半。《奥义书》和《薄伽梵歌》由商务印书馆出版。

2011 年 《梵汉对勘〈入楞伽经〉》、《梵汉对勘〈入菩提行论〉》和《梵汉对勘〈维摩诘所说经〉》由中国社会科学出版社出版。

2012 年 获印度政府颁发的总统奖。《梵汉对勘〈神通游戏〉》由中国社会科学出版社出版。

2013 年 《梵学论集》由中国社会科学出版社出版。

2014 年 《梵语佛经读本》（主编）由中国社会科学出版社出版。《实用巴利语语法》（译著）和《巴利语读本》由中西书局出版。

2015 年 获印度政府颁发的莲花奖。《梵汉对勘〈佛所行赞〉》由中国社会科学出版社出版，《巴汉对勘〈法句经〉》由中西书局出版。

2016 年 《梵汉对勘〈阿弥陀经·无量寿经〉》由中国社会科学出版社出版，《瑜伽经》（译著）由商务印书馆出版。

# 附录二：著作目录

1.《印度现代短篇小说集》（合译），人民文学出版社，1978 年。

2.《伊斯拉姆诗选》（合译），人民文学出版社，1979 年。

3.《钱锺书先生的〈旧文四篇〉》，《读书》1980 年第 2 期。

4.《知难而进——读杨绛〈春泥集〉》，《春风译丛》1980 年第 1 期。

5.《马克·吐温和他的两部历险记》，《外国文学评论》第 2 辑，人民文学出版社，1980 年。

6.《马克思主义与文学批评》（合译），人民文学出版社，1980 年。

7.《印度哲学》（合译），商务印书馆，1980 年。

8.《印度现代文学》（合译），人民文学出版社，1981 年。

9.《论迦梨陀娑的〈云使〉》，《外国文学研究集刊》第 4 辑，1982 年。

10.《〈本生经〉浅论》，《外国文学研究集刊》第 5 辑，1982 年。

11.《印度短篇小说选》（合译），人民文学出版社，1983 年。

12.《胜天的〈牧童歌〉》，《印度文学研究集刊》，1984 年。

13.《古印度故事的框架结构》，《外国文学研究集刊》第 8 辑，1984 年。

14.《印度古代神话发达的原因》，《外国文学研究集刊》第 10 辑，1985 年。

15.《建立比较文学的中国学派》,《世界文学》1985 年第 5 期。

16.《佛本生故事选》(合译), 人民文学出版社, 1985 年。

17.《〈摩诃婆罗多〉简论》,《印度文学研究集刊》第 2 辑, 1986 年。

18.《〈管锥编〉与佛经》,《外国文学评论》1988 年第 1 期。

19.《印度古代文学》, 知识出版社, 1988 年。

20.《印度戏剧的起源》,《外国文学评论》1990 年第 2 期。

21.《印度古典诗学和西方现代文论》,《外国文学评论》1991 年第 1 期。

22.《梵语文学修辞例释》,《季羡林教授八十华诞纪念论文集》, 江西人民出版社, 1991 年。

23.《季羡林先生的治学风格》,《外国文学评论》1991 年第 4 期。

24.《印度古代文学史》(合著), 北京大学出版社, 1991 年。

25.《〈世界反法西斯文学书系·南亚西亚非洲卷〉前言》, 重庆出版社, 1992 年。

26.《在梵语诗学烛照下——读冯至〈十四行集〉》,《冯至先生纪念论文集》, 社会科学文献出版社, 1993 年。

27.《印度古典诗学》, 北京大学出版社, 1993 年。

28.《禅和韵——中印诗学比较之一》,《文艺研究》1993 年第 5 期。

29.《外国文学研究方法谈》,《外国文学评论》1994 年第

3 期。

30.《佛经翻译文质论》,《文学遗产》1994 年第 6 期。

31.《东方文学史》(合编),吉林教育出版社,1995 年。

32.《惊梦记》(译著),《世界经典戏剧全集》,浙江文艺出版社,1999 年。

33.《摩诃婆罗多·毗湿摩篇》(译著),译林出版社,1999 年。

34.《外国文学史》(合编),高等教育出版社,1999 年。

35.《书写材料与中印文学传统》,《外国文学评论》1999年第 3 期。

36.《季羡林治学录》,《中国社会科学院学术大师治学录》,中国社会科学出版社,1999 年。

37.《金克木先生的梵学成就》,《外国文学评论》2000 年第 3 期。

38.《故事海选》(合译),人民文学出版社,2001 年。

39.《〈摩诃婆罗多〉译后记》,《外国文学评论》2001 年第 3 期。

40.《摩诃婆罗多》(合译),中国社会科学出版社,2005 年。

41.《〈摩诃婆罗多〉导读》,中国社会科学出版社,2005 年。

42.《神话和历史——中印古代文化传统比较之一》,《外国文学评论》2006 年第 3 期。

43.《宗教和理性——中印古代文化传统比较之二》,《中国社会科学院学术咨询委员会集刊》第 3 辑,2007 年。

44.《语言和文学——中印古代文化传统比较之三》,《外国文学评论》2007 年第 2 期。

45.《梵语诗学论著汇编》（译著），昆仑出版社，2008 年。

46.《梵语文学读本》，中国社会科学出版社，2010 年。

47.《奥义书》（译著），商务印书馆，2010 年。

48.《薄伽梵歌》（译著），商务印书馆，2010 年。

49.《梵汉对勘〈入楞伽经〉》，中国社会科学出版社，2011 年。

50.《梵汉对勘〈入菩提行论〉》，中国社会科学出版社，2011 年。

51.《梵汉对勘〈维摩诘所说经〉》，中国社会科学出版社，2011 年。

52.《梵汉对勘〈神通游戏〉》，中国社会科学出版社，2012 年。

53.《梵学论集》，中国社会科学出版社，2013 年。

54.《〈梵英词典〉前言》，中西书局，2013 年。

55.《〈巴利语英语词典〉前言》，中西书局，2013 年。

56.《梵语佛经读本》（主编），中国社会科学出版社，2014 年。

57.《〈混合梵语语法与词典〉前言》，中西书局，2014 年。

58.《实用巴利语语法》（译著），中西书局，2014 年。

59.《巴利语读本》，中西书局，2014 年。

60.《梵汉对勘〈佛所行赞〉》，中国社会科学出版社，2015。

61.《巴汉对勘〈法句经〉》，中西书局，2015 年。

62.《梵汉对勘〈阿弥陀经·无量寿经〉》，中国社会科学出版社，2016 年。

63.《瑜伽经》（译著），商务印书馆，2016 年。

## 图书在版编目(CIP)数据

黄宝生 / 黄宝生自述. -- 北京：社会科学文献出
版社，2017.6
（学术名家自述）
ISBN 978-7-5201-0846-1

Ⅰ.①黄… Ⅱ.①黄… Ⅲ.①黄宝生－自传 Ⅳ.
①K825.5

中国版本图书馆CIP数据核字（2017）第089796号

·学术名家自述·

# 黄宝生

自　　述 / 黄宝生

出 版 人 / 谢寿光
项目统筹 / 梁艳玲
责任编辑 / 梁艳玲　孙以年　奚亚男

出　　版 / 社会科学文献出版社（010）59366560
　　　　　　地址：北京市北三环中路甲29号院华龙大厦　邮编：100029
　　　　　　网址：www.ssap.com.cn
发　　行 / 市场营销中心（010）59367081　59367018
印　　装 / 三河市东方印刷有限公司

规　　格 / 开　本：880mm×1230mm　1/32
　　　　　　印　张：8.25　字　数：167千字
版　　次 / 2017年6月第1版　2017年6月第1次印刷
书　　号 / ISBN 978-7-5201-0846-1
定　　价 / 59.00元

本书如有印装质量问题，请与读者服务中心（010-59367028）联系